L'ÉCOFÉMINISME DANS LA GÉOPOLITIQUE : FEMMES ET DÉVELOPPEMENT DURABLE

Rokhaya SAMB

L'ÉCOFÉMINISME DANS LA GÉOPOLITIQUE :
FEMMES ET DÉVELOPPEMENT DURABLE

Préface de
Babacar DIAGNE

L'Harmattan

5-7, rue de l'École-Polytechnique ; 75005 Paris

http://www.librairieharmattan.com
diffusion.harmattan@wanadoo.fr
harmattan1@wanadoo.fr

ISBN : 978-2-343-10235-1
EAN : 9782343102351

Préface

La nature est un don du ciel qu'il nous appartient de préserver, d'entretenir et de développer au bénéfice de tous ceux qui en tirent profit, c'est-à-dire tous les êtres vivants. Cette vérité universelle et valable en tout temps est le crédo de tous les êtres humains sans distinction, quel que soit l'endroit où ils se trouvent. Dans un passé récent, à l'échelle de l'humanité, ce credo entrait dans le cours normal des choses. A l'époque pré industrielle, je dirais plutôt précapitaliste, elle trouvait sa matérialisation dans l'organisation politique, culturelle, sociale des communautés, dans l'Europe ou dans l'Asie médiévale, dans l'Afrique précoloniale, ou dans l'Amérique précolombienne.

Le seigneur dans l'Europe féodale essentiellement rurale, était peut-être propriétaire des tenures, domaines cultivés par les serfs, mais espace communautaire ; cette propriété commune, bien que terrain de chasse de l'aristocratie, était réservée aux habitants des bourgs et des bourgades. Le paysage était aménagé autour de points d'établissements fixes formant le noyau villageois qu'entouraient des parcelles enrichies par les détritus domestiques et constamment cultivés. Au-delà, était la nature vierge, exploitée de manière disciplinée et apportant à l'Homme, poissons, gibier, miel, bois, et pâture pour le bétail. La pression humaine était faible et la nature était exploitée dans le respect qui lui était dû.

Dans l'Afrique précoloniale, les champs ne dépassaient que très rarement l'espace du village, l'exploitation relevait de la volonté de celui à qui le maître des terres, le « lamane » en terre sénégambienne, avait accordé le droit de défricher, « taal daay ». Ce qui restait de l'espace rural appartenait à la nature, même si le seigneur, Bour, avait un droit de préhension sur tout ce qui était produit, le vin de palme qu'on offrait à Damel, les écorces que Lamane donnait en hommage à son Bourba, le sel que l'on exploitait à Ganjool, le bois ou l'eau que le commandant de Gorée tirait du Cap vert en contrepartie de la coutume. La nature était elle-même protégée par ses dieux, « borom all bi » à qui on offrait des sacrifices pour avoir le droit d'en tirer profit. Aujourd'hui encore, on ne peut pas abattre impunément un arbre, sans solliciter la clémence des dieux.

La nature offrait ainsi à l'Homme les moyens de subsister sans avoir besoin de l'agresser ; la forêt, la faune, les cours d'eau, la terre elle-même entretenait l'homme, lui permettant de subsister, de procréer, de prospérer. La préservation de la nature ne signifiait cependant pas pour autant absence d'initiative pour tirer au mieux, de ce que le bon Dieu nous avait donné, ce dont nous avions le plus besoin. En Afrique comme en Asie, en Europe comme en Amérique, l'Homme l'exploita sans la perturber. Des ouvrages d'art pour assurer l'approvisionnement en eau et augmenter la capacité des Hommes à produire furent édifiés. Ainsi furent réalisés les puits à balancier, les chadoufs dans la vallée du Nil, les aqueducs dans l'empire romain, les moulins à eau sur les fleuves de l'Europe médiévale ; Sony Ali ber, dans le Songhai, construisit un canal pour transporter l'eau du Niger dans le désert. Les travaux de l'Homme ne se limitèrent pas à domestiquer le cours des eaux, ils cherchèrent aussi à redessiner les contours du relief pour en tirer un meilleur parti ; les flancs des montagnes furent taillés pour permettre la culture dans les zones accidentées de la Chine du sud et sur les plateaux andins ; des digues furent érigées sur les côtes pour étendre l'aire d'humanisation et développer les cultures florales sur les polders hollandais. Toutes ces réalisations se faisaient dans le respect de l'équilibre de la nature.

L'ère du capitalisme et la recherche effrénée de profits modifièrent nos rapports à la nature, et par conséquent, nos rapports à notre semblable. La terre devint objet d'accaparement, et fut sollicitée à outrance. Le domaine communautaire de l'Europe médiévale fut transformé en immenses zones de céréaliculture et les tenures paysannes en pâturage ; les grandes plaines américaines furent vidées de leurs vieux habitants, Indiens et bisons, aux prix de violents carnages, pour céder la place à d'immenses exploitations ou à de vastes champs de parcours pour les vachers américains et leurs troupeaux de bovins ; une population servile fut installée sur les riches terres tropicales pour produire du café, du tabac et de la canne à sucre ; les peuples africains et asiatiques furent contraints d'ordonner leur terroir, d'étendre leurs zones de culture, pour produire les biens demandés par le grand capital.

Ainsi, le paysan d'ici ou d'ailleurs, africain, européen, américain ou asiatique, libre ou esclave, ne maîtrisait plus son destin ; il était au service d'un nouveau maître qu'il voyait à travers le contremaître ou le percepteur qui recueillait pour le compte d'un État, sa part dans le pécule qu'il amassait à force de travail et qui l'obligeait à produire toujours davantage, ce que lui demandait le capital.

Cette sollicitation extrême apporta, paradoxalement, des mutations dans le mode d'exploitation et d'appropriation. Elle libéra de plus en plus de bras qui se mirent au service de l'industrie et favorisa l'assujettissement de nombreux peuples. Les hommes abandonnèrent les campagnes pour les villes qui s'étendaient de plus en plus, empiétant de plus en plus sur le milieu naturel, et les sbires de l'impérialisme déferlèrent sur les vastes terres d'Afrique, longtemps laissées en friche, pour imposer aux peuples dominés des cultures qu'ils ne connaissaient pas. L'humanité entrait dans l'ère de la mondialisation avec cette tendance à l'uniformisation, à l'exploitation sans retenue de ce que la nature nous avait donné, à la surproduction et à la surconsommation.

Ainsi, à l'ère post industrielle où nous nous trouvons, alors que nous avons fini de briser l'équilibre que Dieu nous avait offert, en gaspillant les ressources de la nature, en polluant les eaux de surface et les eaux souterraines, en favorisant la déréglementation climatique, le réchauffement de la terre, la disparition des espèces, le recul des côtes, avec la montée des eaux, en mettant tous les peuples au service du capital, il ne nous reste plus que le slogan « gestion durable » pour espérer sauver ce qui reste encore de la planète comme force et équilibre. Mais que recouvre ce concept ? Un slogan de plus pour intellectuel en panne d'ancrage idéologique ? Un cri de détresse de passionnés de la nature ou encore formule inconsciemment délivrée par les spécialistes de la prospective pour traduire l'angoisse de la société et suggérer une forme d'adaptation de l'homme à son nouvel environnement...

Nous pensons, en effet, qu'il s'agit, encore une fois, d'un effort intellectuel de l'Homme pour réfléchir sur son avenir et théoriser les pratiques actuelles généralement observées, tendant à trouver de nouvelles voies pour sauver la planète et établir un nouvel équilibre. Il s'agit d'une nouvelle démarche visant à rationaliser l'exploitation de la terre et de ses ressources, des eaux, des minerais, des sols, des animaux, des plantes, tout en préservant leur potentiel de production. Son objet est donc la terre et tout son potentiel, c'est-à-dire les êtres vivants et leur environnement, en un mot, l'écosystème. Au fond, cette réflexion entre dans le cours normal des choses car, comme le disait mon frère, l'Humanité ne se pose que des questions qu'elle peut résoudre.

Cette humanité pèse aujourd'hui 7 milliards d'individus qui doivent s'adapter au monde qu'ils ont créé ou disparaître. Le tableau de la répartition des hommes à travers les États de la planète donne une idée sur l'énorme changement qui s'est produit depuis la première révolution industrielle avec la forte concentration des hommes dans les villes. L'exode rural qui avait accompagné ce mouvement se poursuit inexorablement sur toute la planète, mais l'offre de travail qui était le vecteur de cette grande vague de migration a été remplacée par la demande de travail. Dans les pays riches où la population urbaine a fini de s'installer après plus d'un siècle de tâtonnements, d'essais et de crises, les hommes ont capitalisé une riche expérience dans la gestion de l'espace urbain et se sont adaptés à ce nouveau mode de vie. En un mot, ils ont atteint un point d'équilibre pour s'insérer dans ce nouvel environnement, mais de nouveaux défis apparaissent avec la déréglementation climatique et la lente disparition des ressources.

Le problème se pose autrement pour les peuples d'Afrique, d'Asie et d'Amérique latine qui ont conservé, malgré eux, les pratiques d'un ancien temps dans un monde en perpétuelle mutation. Dans ces pays pauvres, les Hommes cherchent à s'employer mais ne trouvent pas preneur, ils traversent les déserts, les océans et les mers aux prix de lourds sacrifices pour en trouver, s'agglutinent dans les villes, toujours dans l'espoir d'en trouver. Les campagnes sont désertées et la production vivrière locale abandonnée, au profit de la ville et de l'aliment importé, souvent produit par le grand capital. Les mêmes défis auxquels l'Europe était confrontée au début du siècle dernier se posent aujourd'hui à eux, et viennent s'ajouter à ceux du XXIe siècle. Ainsi, la déréglementation climatique, l'insécurité et la crise de l'emploi, associées aux problèmes de promiscuité, d'urbanisation, d'assainissement et de cadre de vie plongent ces pays dans un profond désarroi. Ils sont en situation de déséquilibre et vivent dans un monde qui n'est pas encore le leur.

Ces problèmes se posent au peuple tout entier, mais ils interpellent plus particulièrement les femmes et celles d'Afrique de manière spécifique, parce que c'est le continent où se trouve concentrée la part de l'humanité la plus pauvre. La femme africaine se trouve, à son corps défendant, au cœur du dispositif social, environnemental et économique de son milieu car, avec l'émigration des jeunes vers les centres urbains ou l'étranger, elle s'active de plus en plus dans la gestion du terroir et de la famille, et dans les villes, elle supplée amplement le chef de famille dans l'entretien du foyer et dans l'éducation des enfants.

Dans la majorité des cas, les femmes africaines assument ces rôles dans des conditions particulièrement pénibles et dans le contexte de fortes pressions familiales ; elles se marient tôt, ne choisissent pas toujours leur conjoint, ont beaucoup d'enfants, s'entassent dans des maisons où il n'y a ni eau, ni électricité, ni réseau d'assainissement, et sont en butte à une administration qui ne tient pas toujours compte de leurs besoins à long terme et de leurs intérêts. Elles ne respectent donc pas le bien communautaire qui se trouve en dehors de leur sphère de contrôle et considèrent celui-ci comme un espace sans maître « alalou bour la ». Et Bour (l'État), qui est censé s'en occuper n'a pas toujours conscience de sa mission et se signale souvent par son indifférence.

Ainsi, comment peut-on demander à ma sœur de Wakhinane en banlieue dakaroise de respecter les règles d'hygiène les plus élémentaires, quand elle habite à deux mètres d'un lac artificiel construit pour absorber le trop plein des eaux d'hivernage occasionné par les fortes pluies de cette année ; lac qu'on n'a ni sécurisé, ni assaini, et qui demeure par conséquent une zone insalubre, un nid de larves et un dépôt sauvage de détritus. Et si par malheur, son enfant, dans cet environnement infect contracte des maladies, que va-t-elle faire ? Solliciter à moindre frais les services du guérisseur traditionnel, se rapprocher de la structure de santé la plus proche, en étant persuadée que l'ordonnance du médecin ne sera pas à sa portée, ou attendre patiemment, tranquillement que le bon Dieu veuille bien délivrer son fils de la maladie ? Cet enfant va-t-il à l'école ? Quelle école ? Le Daara du coin ou l'école française ? Le Daara prépare à la vie sur terre et dans l'au-delà, et l'école française ? Est-ce un bon investissement si, à la suite d'un long cursus il n'y a aucun espoir de travail au bout ?

Non ! La femme africaine sait ce qu'est le modernisme, elle sait ce qui est bien mais elle sait aussi ce qu'elle peut et ce qu'elle ne peut pas faire, elle est victime de la contingence. Le progrès social n'a pas suivi les mutations technologiques. Le progrès économique libérateur n'est pas encore passé par là. L'Europe, l'Amérique, le Japon ont trouvé leur point d'équilibre parce qu'ils ont pu élever le niveau de développement de leur pays, protéger leur peuple, éduquer leurs enfants, ont trouvé à leur population, un travail adapté au siècle et s'activent aujourd'hui dans la lutte pour un développement durable. Il s'agira donc de mettre le monde sous-développé à l'endroit, c'est-à-dire, assurer le progrès de leur peuple en préservant son écosystème. La femme africaine est appelée à jouer sa partition dans ce nouveau combat, c'est là son nouveau défi, conjuguer l'écologie au féminin. Et c'est la seule voie de salut pour l'humanité tout entière. On a souvent coutume de dire, « la femme est le complément de l'homme » ou « derrière chaque grand homme, il y a une femme », mais ce qu'on oublie souvent de dire c'est que derrière ce semblant d'effacement, se cache le passé, le présent et le devenir de l'Humanité. Il n'y aurait pas eu Horus, si Iris n'était pas là, encore moins Biram ou Lat Dior sans Yacine Boubou ou Ngoné Latyr, que dire de Serigne Touba et Mame Diarra ou Alaji Malick et Sokhna Fawade Welle ?

Le peuple noir d'Amérique aurait- il survécu sans les vaillantes femmes noires qui pansaient blessures et souffrances et assuraient la perpétuation de leur race sur cette terre d'Amérique ? Cette même femme est encore là pour s'occuper des enfants quand son homme perd son travail ou abandonne son foyer.

Cette femme peut soulever des montagnes, elle peut aider l'Afrique à rétablir l'équilibre. Mais pour cela, il faut l'aider à s'occuper d'abord de sa famille en l'éduquant et en réduisant ses charges dans le foyer. Ainsi, libérée et éduquée, elle pourra s'occuper de son environnement, de son milieu, de la prospérité de sa famille et profiter de toutes les opportunités offertes par la vie. Ainsi, elle mettra tout son génie à son service et à celui de sa moitié, en un mot à l'Afrique mère et à l'humanité tout entière.

Babacar DIAGNE

Inspecteur de l'Enseignement Moyen Secondaire / Histoire-Géographie
Docteur en Histoire (UCAD)
Ingénieur en Gestion de la Formation (DESS /IGF/CESAG)

INTRODUCTION

La vie humaine se confond avec la société puisqu'on ne saurait mener sa vie à soi, séparé de tout et de tous. La personne qui choisit la réclusion reste quand même avec les autres, puisqu'elle mange, boit et dort, ne serait-ce que pour ses besoins physiologiques. Lorsqu'on s'habille ou qu'on se couche sur quelque chose, une natte, un bout de carton ou autre chose, on se sert sans aucun doute des autres, des choses et des lieux de la société. Lorsque les gens entrent ou sortent des maisons, des chambres, des cuisines, des toilettes, ils éprouvent à coup sûr le besoin de se voir, de s'écouter et d'agir pour être humains, parler, rire, travailler, pleurer et vivre. De tous ces endroits d'où l'on vient, où l'on se trouve, les femmes en assurent l'existence, la tenue et la marche pour un environnement décent dans l'intérêt de tout un chacun. Ce sont elles, du moins les femmes, qui s'acquittent du devoir que leur impose la société, qui se mettent au service des hommes, des enfants et d'autres femmes non performantes pour des raisons multiples et variées. L'action de celles-ci est encore plus qu'utile dans la bataille pour protéger l'environnement.

La pensée écologique est un courant qui, à partir du XIXème siècle, remet en question les techniques modernes dans l'intention de préserver à la fois la nature et l'Homme. En réalité, les technologies nous mènent loin et en bien, mais non sans dégâts. Nous y trouvons de meilleures conditions de vie, à tel point que nous ne réfléchissons pas aux effets à long terme. Malheureusement, l'effet d'euphorie nous retombe dessus comme par punition en nous faisant plus mal qu'auparavant. Habitués à cette espèce d'existence nouvelle améliorée grâce aux innovations technologiques, nous devenons comme contraints à l'impossibilité de réagir. En d'autres termes, la non prise en compte de l'écologie dans nos actes et actions de développement et d'émancipation nous a amenés devant des difficultés à nous redéployer dans des champs rectificatifs en fonction de la démographie galopante, de l'épuisement des ressources naturelles et des effets collatéraux.

Malgré la présence et l'attitude fondamentale et indispensable de la femme, la communauté humaine, plus exactement une partie, pratique l'exclusion sociale, partielle ou entière, selon les zones et les cas, à l'intérieur des ménages et aussi des communautés ; la femme ne fait qu'exécuter des ordres, ou mettre en œuvre les décisions de l'homme. Une femme dans un pays pauvre, à moins qu'elle ne se trouve par alliance ou par les études à une échelle supérieure dans la hiérarchie sociale, accède difficilement aux services sociaux de base, encore faut-il qu'elle en connaisse l'existence et le fonctionnement. La difficulté de décider et d'agir par soi-même selon ses dispositions et ses besoins fait que la femme n'est pas détentrice de pouvoir important, de puissance économique. Fréquemment dépourvue de capacité à choisir pour elle, elle n'en est pas moins compétente et dotée d'imagination. Les difficultés et les obstacles qu'elle rencontre sont multiples et tellement divers qu'ils devraient être analysés et sériés afin qu'elle s'en serve à bon escient. Quoiqu'il en soit, elle a eu à se hisser au niveau le plus élevé de la passerelle pour atteindre beaucoup d'objectifs de liberté et de développement en passant par l'école, les associations et les groupements de femmes.

Par ailleurs, il convient de définir, après identification, ce qu'on appelle la violence envers la femme, afin de la prévenir en créant des indicateurs et des normes de sécurité. Il est important d'offrir aux victimes et aux témoins un cadre d'expression permettant de déceler le mal et de discuter des causes, des conséquences et des possibilités de l'éradiquer, sans créer, autant que faire se peut, d'autres souffrances à une quelconque partie . Ce travail revient aux communautés et aux pouvoirs publics qui doivent tenir compte des implications socioculturelles de chacun de leurs actes.

Un grand professeur racontait que dans un village en Afrique, lorsque des latrines avaient été construites pour servir de toilettes à l'arrière des concessions, des femmes avaient montré leur désaccord. Elles avaient expliqué qu'elles n'en voulaient pas parce qu'elles avaient l'habitude de sortir ensemble dans la forêt. C'était en fait au cours de ces déplacements qu'elles causaient, se taquinaient en parlant de leurs déboires conjugaux et se donnaient des conseils. En pensant bien faire pour les femmes, on les avait ainsi privées d'un instrument d'équilibre dans leur foyer et la raison en est le manque d'inclusion, leur non-participation aux prises de décisions. A- t- on réellement réfléchi à ce qu'il faudrait faire pour les femmes et avec elles pour créer un environnement naturel sans danger ?

En outre, l'action excessive de l'Homme sur l'environnement est négative, les gaz à effet de serre ou toxiques se répandent dans l'air, causés par exemple par les transports terrestres qui ne cessent d'augmenter pour des raisons démographiques mais aussi économiques. La pollution a conduit à un dérèglement climatique, dont les conséquences diminuent les rendements agricoles, notamment dans les zones tropicales plus touchées à cause du soleil et de l'excès de chaleur.

A cet égard, on voit que le développement intellectuel et socioéconomique dépend de notre considération du genre ; ce concept renvoie à l'organisation sociale, veut qu'on tienne compte des différences de sexe pour une distribution égalitaire des ressources, du pouvoir économique. La réussite passe par le questionnement de soi et des autres ; c'est l'une des raisons pour lesquelles nous allons procéder à une tentative de rectification et d'amélioration de nos actions et échanges afin de promouvoir notre développement personnel, national, régional et global dans la paix et l'équité. Dans toute entreprise, même si l'on juge que la rentabilité est à son sommet, il importe de promouvoir la qualité pour ne pas subir de chute brutale. Puisque l'université et l'école, pour ne pas dire l'éducation d'une manière générale, visent la formation qui, de manière concrète, s'acquiert dans des entreprises comme les institutions et établissements qui foisonnent partout, il importe de procéder à une réflexion sans complaisance pour une adéquation et d'œuvrer efficacement pour parer aux situations non souhaitées.

Au XXIème siècle, l'espoir est placé dans la société civile au détriment des acteurs politiques considérés comme des personnes peu fiables du fait de leur appartenance partisane. La société civile pourrait être comprise comme la majorité apolitique d'un pays ou des pays, qui se porte volontaire en vue de défendre l'intérêt général et de veiller au respect des libertés. Cette organisation autonome connaît comme origine l'expression *societas civilis* de Cicéron, qui visait la politique positive pour la cité. Les objectifs de ces groupes devraient se confondre à ceux des dirigeants des nations, en vue de satisfaire la demande sociale.

En ces années 2000, l'une des questions majeures de notre société a trait à la préservation de la nature. Quand on prononce le terme environnement, on pense directement à la nature dans laquelle vit l'Homme, incluant ce qui est animé et inanimé, comme l'air, la terre, la mer, les animaux et les végétaux. Il faudrait cependant ne pas négliger les activités et les interactions de tous ces éléments cet'être humain et les conséquences souvent négatives. La pollution fait partie de ces méfaits et son élimination ou sa réduction s'érige comme l'une des conditions principales du développement durable. Cet autre concept partagé à travers le monde, pour ne pas dire indispensable à la globalisation réelle, participative, positive, s'accompagne du relèvement d'un ensemble de défis. Puisque la dégradation du milieu naturel où l'on vit freine le travail et donc le développement et le progrès, en ce sens qu'elle favorise les maladies souvent incurables telles que le cancer, les femmes sont concernées au premier chef. Il leur revient de veiller à la sauvegarde de la nature, de l'environnement, du bien-être de la famille. S'il existe une interrogation et un souci communs à l'ensemble de l'univers, c'est bien l'écologie.

D'ailleurs, avant de parler d'écoféminisme, arrêtons-nous sur le féminisme socialiste qui combat la dépendance financière de la femme envers l'homme par le travail, et s'oppose au capitalisme en épousant les thèses marxistes. Il est à noter que ce mouvement n'adhère pas à la lutte des classes de Marx, mais procède à un couplage du genre et rejette l'idée de classe. Cela représente deux camps d'intérêt opposé, positivement ou négativement, selon le genre de personnes concernées. Quand une ménagère se marie à un directeur de société, elle est regardée à travers ou au même niveau que son mari. Dans ce cas précis, c'est la femme qui est en train de profiter de la classe et les féministes se taisent et s'y complaisent. Ce groupe de femmes reconnaît que de par la naissance ou un concours de circonstances, que ce soit l'homme ou la femme, on se retrouve facilement opprimé ou privilégié.

L'écoféminisme est la résultante de la bataille pour la femme et pour la prise en compte de l'écologie. C'est donc une combinaison des deux mouvements, notamment le féminisme et l'écologie, la sauvegarde de l'environnement. Rachel Carson a dénoncé la naïveté des populations et le silence assourdissant des dirigeants de beaucoup de pays face à l'industrie chimique et principalement aux pesticides qui détruisent l'eau, les oiseaux, les insectes, les animaux et l'Homme. A la suite de Carson dans *Silent Spring*(1962), qui a eu comme effet l'appropriation de sa bataille par les populations et la création de l'Agence de Protection de l'Environnement aux Etats-Unis, Françoise d'Eaubonne, *Le Féminisme ou la Mort* (1974), travailla pour l'écoféminisme et fut membre du FHAR, Front Homosexuel d'Action Révolutionnaire. Ces informations et actes ont fait tache d'huile et en 1970, des femmes rurales ont refusé la déforestation en Inde dans une manifestation à Chipko.

Notre culture nous a inculqué tellement de croyances, de représentations bonnes et mauvaises auxquelles nous nous sommes habitués, au point de les considérer comme partie intégrante de notre vie. C'est ce que certains appellent coutumes ou traditions et qui sont devenues inhérentes à l'ordre établi. Cette attitude engendre la promptitude à tout rejeter ou à se rebeller s'il le faut contre tout changement, d'où qu'il vienne. La raison de tels comportements se situe dans le milieu paternel, familial, communautaire, national et international. Pour ces raisons, le combat contre ces injustices entre hommes et femmes se révèle difficile à mener, dans le sens où la prise de conscience est lente et semée d'obstacles socioculturels. Au plan social, le tabou demeure un frein de même que l'inhabituel qui s'accepte difficilement et rarement. Dans l'imaginaire collectif, ce qui n'a jamais été fait ou dit ne doit point l'être et donc, toute tentative de dénonciation ou de réformes de l'existant est mal vu, sinon condamné et combattu. Les victimes gardent le silence ou fuient la localité vers l'inconnu et vont ainsi sûrement vers d'autres formes de violences, mais elles n'ont que cette arme pour se défendre.

Néanmoins, ce serait une erreur de considérer que la femme ne subit de la souffrance que de la part des hommes. Des femmes nuisent à leurs sœurs, à leurs filles par l'excision, les compétitions entre coépouses, mais aussi dans les frictions entre la femme et sa belle-famille. Dans de telles circonstances, les intérêts sont parfois divergents entre l'épouse du fils et la mère de ce dernier et de temps en temps, son frère ou sa sœur qui semble jouer un rôle usurpateur.

Des hommes et des femmes ont mené d'innombrables recherches dans le but de proposer des alternatives et des pistes de solutions. Des études sur le genre ont traité de multiples sujets liés au phénomène et d'illustres écrivains ont été remarqués parmi eux. Le danger des catastrophes nucléaires, les méfaits des armes de destruction, des mines anti personnelles ont le même effet que le patriarcat et le capitalisme chez des femmes comme Starhawk, Claudia Von Verchof, Veronika Benholdt, -Thomsen, Maria Mies, sociologue, Carolyn Merchant, philosophe, Carol Adams, Melançon Louise, RadfordRuether, Rosemary, Karen Waren, qui parlent de *SocialistFeminism*, dans les années 1970.

De ce fait, la grande majorité des femmes ont opté pour la coopération et la collaboration dans une ouverture d'esprit, sans violence verbale, procédurale ou physique. Toute forme d'acte provoquant de la peine est bannie. Le 12 mai 2010, la loi sur la parité fut votée au Sénégal ; depuis les années 1930, des femmes ont été nommées ministres dans le monde.

Dans le sens d'une modeste contribution au débat, les pages qui vont suivre dans ce texte essayeront de discuter différents thèmes qui touchent la vie dans son universalité et principalement, le développement de la femme en tant que socle de l'existence humaine. Seront posées des questions se rapportant au code vestimentaire, aux activités des femmes, à l'usage du bois, à la propreté des lieux, aux risques liés à l'usage de produits d'entretien, aux accidents domestiques, aux distractions, aux associations et aux cérémonies, à la gestion de la culture par les femmes, les coutumes et les représentations, et à l'art culinaire. On se penchera sur les rapports entre les hommes et les femmes dans la bataille pour un développement durable qui tienne compte de l'écologie dans le cadre global géopolitique en six chapitres.

CHAPITRE PREMIER

FEMME ET ÉDUCATION

S'il existe un débat auquel on s'intéresse quasiment partout dans le monde, c'est bien l'éducation des filles. C'est certes un préalable que de le dire et de l'entamer, cependant, elle doit être nécessairement continue et suivie dans le temps et avec l'âge. Devenue responsable, épouse, mère, sœur, la femme a encore besoin de renforcer ses connaissances et ses compétences de toutes sortes. La personne qui gère quelque chose, que cela soit un poulailler, une maison, une association ou autre, doit savoir bien s'y prendre, étant entendu que dans chaque cas qui concerne la femme, elle devient gestionnaire ; le devoir de lui montrer comment agir et aussi de l'avertir des risques qu'elle encourt, des tenants et des aboutissants de ses actes de tous les jours, s'impose à la société.

I-1-L'ÉDUCATION DES FEMMES

Avant les indépendances, à l'Assemblée nationale française ou Constituante française à l'époque, parmi les 11 députés africains sur les 600, une seule femme, Yacine Diallo représentait la Guinée. Elizabeth Domitien fut Premier ministre en Centrafrique en 1975 et là, en 2014, une femme apolitique née au Tchad en 1954, Catherine Samba Panza, est nommée présidente de la République de transition pour assurer la transition en pleine guerre politico-confessionnelle. C'est elle qui a eu l'humilité et la présence d'esprit de s'excuser au nom de tout son peuple pour le mal commis dans son pays, par ses concitoyens, devant le Pape François. Ce dernier, dans le cadre d'une première tournée africaine, s'était rendu en Centrafrique en fin 2015.

A Beijing en 1995, la conférence mondiale avait noté que, dans des activités que l'on peut qualifier d'importantes, on trouvait 31% de femmes présidentes de fondations, 70% de présidentes d'associations, 45% de présidentes de coopératives, 77% de directrices de mutuelles de prévoyance, 63% d'enseignantes et 79% de travailleurs de la santé. Au Sénégal, la FAFS, Fédération des Associations Féminines du Sénégal, jouit d'un prestige notoire, l'AFAO, Association des Femmes de l'Afrique de l'Ouest, est à l'image des associations internationales.

a-Au Sénégal

On remarque cependant des progrès sociaux dans les rangs de dirigeantes. Madame Aminata Mbengue Ndiaye a succédé à la première femme député non scolarisée, Adja Arame Diène, au Parti Socialiste au Sénégal, comme responsable des femmes. En 2014, on a compté 7 femmes ministres parmi les 33 officiellement nommées dans le gouvernement du Sénégal et Madame Ndiaye y est encore ministre de l'élevage. Quand on continue le décompte, ce qui reste est peu de chose. Sur un tableau plus reluisant mais aussi réconfortant, des femmes ont été hissées au niveau le plus haut de quelques États dans le monde. Pour revenir au Sénégal, on peut noter, entre autres stations importantes pour les femmes, que deux Premières ministres, Madame Mame Madior Boye en 2001 et Madame Aminata Touré en 2013, ont été nommées en même temps que des ministres d'État, après des fonctions jusque-là réduites à l'occupation du seul ministère de la Famille, selon l'appellation en vigueur pendant plusieurs années. La pionnière fut Madame Caroline Faye Diop, première député sous le président Senghor.

Des députés femmes, ce n'est plus une nouveauté au Sénégal, surtout avec l'application de la parité, mais malheureusement, ce qu'on pourrait appeler le revers de la médaille est le manque de compétences de beaucoup d'entre elles. Plusieurs ne savent ni lire ni écrire dans un monde globalisé, même si elles comprennent la plupart des enjeux. Ne pas être en mesure de défendre ou de contester un projet de loi avec argument à l'appui est un handicap, tout comme ne savoir dire que des louanges ou des propos désobligeants envers les mandataires de l'exécutif et leurs alliés politiques. L'analphabétisme est un fléau qu'il urge de combattre. Si chaque femme est alphabétisée au moins dans sa langue maternelle ou, mieux, véhiculaire, il y aurait plus de compréhension des défis.

Madame Aminata Tall, enseignante, présidente du Conseil Economique, Social et Environnemental en 2013, suscite de l'espoir tout comme à l'université d'éminentes femmes comme le Professeur Ramatoulaye Diagne M'bengue directrice d'école doctorale dans les années 2010 et Madame Coura Niang Kane présidente de la Convergence des femmes universitaires francophones au Sénégal, COFULEF, Madame Andrée-Marie Diagne, la grande formatrice de professeur de Français à la FASTEF au Sénégal. Eva Marie Coll Seck, ministre de la Santé au Sénégal dans ces années 2010, une autre femme remarquable née à Dakar est médecin de profession. En plus de la politique, elle a fait ses preuves au niveau international comme dans le partenariat *Roll Back Malaria* pour lequel elle fut la directrice exécutive. Chercheure pour le SIDA, elle représente, pour la majorité des Sénégalais, la meilleure ministre de le Santé de ces dernières décennies, de par son engagement personnel et sa modestie.

Des références ne manquent pas au Sénégal, de grandes divas de la culture telles que Adja Khar Mbaye Madiaga, des directrices générales dans des sociétés et entreprises locales, des championnes sportives à travers Amy Mbacké Thiam en athlétisme, des femmes sont dans l'armée comme soldats, médecins, etc. ; elles ont toutes obtenu l'autorité parentale sur leurs enfants. Les modes de vie ont ainsi subi des changements positifs progressifs, ne serait-ce que dans la consommation de riz, denrée plus facile à exploiter et à préparer dans l'art culinaire des plus démunis. Dans les maisons, en Afrique, ce sont généralement les hommes qui élèvent des animaux domestiques comme les moutons et les chèvres, mais ce sont les femmes qui les gèrent en hygiène, en nourriture et soins vétérinaires.

b- À travers le monde

L'initiative « Let Girls Learn » fut lancée en Amérique par l'épouse du président Obama, le 3 mars 2014 à la Maison Blanche et soutenue par ce dernier. Il s'agit d'une campagne de scolarisation et de maintien des filles à l'école. Des statistiques soutiennent que 62 millions de filles dans le monde n'ont pas été à l'école et risquent de demeurer analphabètes si les États ne s'attèlent pas à les sortir de ce sous-développement intellectuel. C'est la raison pour laquelle des femmes pionnières du développement devraient être montrées et leurs actes vulgarisés. Parmi elles, le docteur Elizabeth Blackwell. Elle fut la première à réussir en médecine en tant que femme aux États-Unis, à New York en 1849. De plus, comme entrepreneure, elle ouvrit une structure médicale pour soigner les femmes et les enfants.

En Afghanistan, une dame s'est aussi distinguée dans le leadership féminin, il s'agit de Massona Habibi. De la tisseuse de tapis qu'elle était devenue dans le camp de réfugiés où elle vivait, elle est parvenue en 2014 à se mettre au niveau de dirigeante d'une ONG qui forme des enfants et des orphelins réfugiés en ingénierie de l'électricité.

En Inde, Madame Indira Gandhi née Nehru (1917-1984) fut la première et l'unique femme jusqu'à présent Première ministre. Elle dirigea le parti *Indian National Congress* d'une main de fer et fut finalement assassinée. Simone Weil a été ministre de la Santé en France sous Edouard Balladur en 1974 et l'adoption de la loi Weil sur la dépénalisation de l'interruption volontaire de grossesse, qu'elle soit bonne ou mauvaise, fut l'aboutissement de son action. Toutes les femmes françaises ne sont évidemment pas d'accord, tout est discutable. Ancienne victime de la Shoah qui vit son père et son frère déportés en Lituanie à jamais, cette magistrate a été la première présidente du Parlement européen, puis élue à l'Académie française le 20 novembre 2008. Les élections régionales de la fin 2015 en France ont vu les femmes représenter plus de 60% des candidats dans un parti.

En 2015 en Arabie Saoudite, des candidatures féminines ont été acceptées et plusieurs femmes ont été élues aux élections locales ; tout en restant voilées, elles ont eu droit à une formation leur permettant de prendre part à la campagne électorale et surtout de pouvoir sortir du pays pour certaines d'entre elles. Ce fut donc une opportunité de voyager, de rencontrer d'autres femmes et d'échanger avec elles. Cependant, ces femmes demeurent *tutorées* par des hommes, lorsqu'elles veulent aller travailler ou étudier. De toute façon, ces élections ont une signification symbolique dans la vie de celles qui, depuis le règne du roi Abdallah, le printemps arabe aidant, ont commencé à accéder à quelques lieux et stations jusque-là non autorisés.

À Taïwan en 2016, une femme devient présidente à la suite d'une élection transparente et très favorable à ses propositions socioéconomiques ; son courage et sa détermination sont à noter malgré les menaces et l'opposition de la Chine à l'indépendance de ce pays. L'inquiétude au niveau international réside dans le fait que l'ancienne métropole n'exclut pas de recourir à la force pour récupérer la nouvelle petite République. Ce risque de déterrer la hache de guerre déteint l'euphorie de toutes les femmes du monde qui ont toujours rêvé d'une femme présidente ou chef d'État.

Profitons de l'occasion pour examiner certains cas de femmes heureuses ou malheureuses dans la suite du texte. Observons une vendeuse de légumes au marché ; la scène offre ceci dans une certaine localité : la marchandise est posée à même le sol, il lui arrive de s'installer près du camion poubelle ou entre deux tas d'ordures, si les produits ne sont pas tout bonnement posés sur un carton un peu surélevé pour les empêcher de toucher l'eau débordante des caniveaux bouchés des quartiers environnants. De jour en jour, la puanteur et la dangerosité de l'eau augmentent, les légumes qui, par mégarde, tombent et trempent dans la mauvaise eau sont ramassés, essuyés avec un chiffon et exposés de nouveau pour la vente.

De ce fait, l'on se rend compte qu'aucune conscience des microbes, germes et vecteurs de maladies n'existe dans l'esprit de la vendeuse. Qui plus est, ces mêmes provisions se retrouvent sans anti-microbes dans les réfrigérateurs de celles ou ceux qui les achètent. A l'heure de la consommation, si elles ne sont pas tout simplement épluchées ou nettoyées au sortir du panier, elles sont trempées très rapidement dans une eau de qualité douteuse ou au fond d'un bocal presque vide par manque d'eau. Le produit ou condiment qui est cuisiné a plus de chance d'être débarrassé de ses microbes que les légumes qui se consomment crus, et le pourcentage de femmes qui pensent désinfecter les fruits et légumes est minime. Quand elles veulent le faire, elles ne connaissent pas les produits qu'il faut, ou bien ne savent pas comment les utiliser dans les rares cas où elles en disposent.

Ces réfrigérateurs dont il est question sont rarement vidés et nettoyés, sauf cas de coupure de courant, lorsque les produits décongèlent. Pratiquement, tout ce qu'on y introduit en sachet ou en bocal pour la conservation y apporte des germes. Les aliments chauds y sont rangés sans avoir été refroidis correctement, ceux qui ont été dégivrés y sont remis et gardés pendant un temps non déterminé, sans soucis. Si vous posez à une dame la question sur la dernière date à laquelle elle a vidé et nettoyé son congélateur, si elle est sincère, c'est très souvent des mois auparavant.

Dans les endroits où les habitants n'accèdent pas à l'électricité ou n'ont pas les moyens de payer ou d'entretenir un réfrigérateur, les gens sont encore plus exposés à la mauvaise nourriture et aux maladies. Les aliments sont gardés à l'air libre et surtout découverts à cause de la chaleur qui pourrait en précipiter la putréfaction. Vu les conditions sociales difficiles, on jette rarement les provisions, et dans bien des cas, on essaie de trouver une façon de récupérer ce qui est en train de se gâter, par la transformation par exemple. Pour la viande et le poisson, on les vend le plus souvent sur des tables, on trouve aussi des étals à même le sol. Les parties les moins fraîches coûtent moins cher, ainsi que les espèces de qualité inférieure. Une fois ces denrées achetées, elles sont utilisées coûte que coûte, même si elles ont commencé à changer, à devenir impropres à la consommation. En Afrique, la mauvaise qualité est camouflée par certains mets ou sauces avec feuilles dans certains milieux très pauvres, augmentant pour ces familles les risques de maladies qui pourraient pourtant être évitées. Oh ! Quelle tristesse ! Les riches devraient penser davantage aux pauvres.

En somme, l'égalité absolue n'existe nulle part et il est heureux d'entendre actuellement des penseurs insister sur les notions d'équité horizontale et équité verticale. Dans le premier cas de figure, tous ceux qui ont fait les mêmes efforts sont récompensés de la même manière sans écart aucun, ni en qualité ni en quantité et ce, dans les mêmes délais. Pour le deuxième vocable, on se doit de reconnaître que toutes les personnes ne sont pas au même niveau en matière de santé, de force physique et mentale, de volonté et de chance du fait de la nature. La diversité des régions, des cultures, des conditions environnementales, entre autres éléments, engendre des différences d'opportunités chez les êtres humains.

Toutefois, il urge pour l'humanité de réduire les inégalités qui se révèlent exagérées, criardes, du fait que moins de 2% de la population mondiale jouit de 50% des richesses en laissant en rade le reste des gens. Pour le moment, l'espoir de voir un équilibrage est moindre, puisque des tentatives réelles et sincères de renverser la tendance ou de partager les biens tardent à s'opérer.

I-2-HABILLEMENT ET HYGIÈNE CHEZ LA FEMME

Dans tous les endroits du monde, la femme demeure sans nul doute la garante de la propreté, de la beauté des membres de la famille et du cadre de vie.

a- Le code vestimentaire social

En zone rurale, les questions liées à la façon de s'habiller chez la femme ne se posent presque pas. Ne se considérant pas comme émancipée, la femme rurale, d'une manière générale, a tendance à couvrir les parties attirantes de son corps. Soit elle ignore la mode, soit elle ne s'y conforme pas. Étant donné les représentations sociales qui l'entourent et qui inspirent respect et considération, serait- elle tentée d'exhiber son corps?

À quelques exceptions près, à part des femmes audacieuses parce qu'elles sont plus ouvertes à ce qui se passe en dehors de leur contrée, ce sont les travailleuses des villes qui sont concernées par les soucis d'habillement. Ces dernières éprouvent plus de liberté et souvent admirent ce qu'elles voient dans les journaux, dans les medias et aussi chez certaines collègues, voisines ou amies. Il n'importe pas de discuter des goûts et des couleurs ; de plus, autant que faire se peut, la liberté individuelle est à ne pas négliger. Il demeure cependant déplorable qu'une dame se fasse harceler continuellement, agresser sinon violer du fait de sa façon de s'habiller. La mise en avant des seins ou des fesses et leur exposition à la vue des hommes, bien que plus ou moins couverts ou cachés derrière une matière transparente ou moulante ne sont pas très loin de ce qui peut être qualifié d'attentat à la pudeur. Certes, celle qui agit de la sorte sur son propre corps en a le droit et n'a souvent aucune intention de « déranger », mais les conséquences s'avèrent de temps à autre fâcheuses.

Beaucoup de femmes sont violées et même tuées suite à leur habillement provoquant ; ce qui s'ensuit, on le sait, ce sont des séquelles ineffaçables, des nuits blanches ou des cauchemars. On rencontre des victimes qui bannissent à jamais l'acte sexuel ou le mariage à partir de cette mésaventure et d'autres qui vivent une honte permanente ou gardent leur mal en secret et souffrent en silence. Le fait auquel la situation aboutit est une marginalisation que la personne semble s'infliger sans se rendre compte que c'est la société qui la lui impose indirectement. La communauté a tendance à culpabiliser la femme violée en la prenant pour responsable de ce qui lui est arrivé et, comble de malheur, beaucoup d'hommes n'en veulent pas comme épouse.

La femme victime de viol est taxée de frivole ou de personne de mœurs légères si elle n'est pas tout simplement traitée de menteuse, mais bien que de pareils cas existent, cela n'est pas la règle générale, heureusement ! Dans la rue, des femmes se déplacent, surtout en période de chaleur, presque en tenue de plage. Puisque certains hommes sont taquins, et rien de plus, et que d'autres n'arrivent pas à contrôler leurs pulsions, des femmes se retrouvent poursuivies et agressées et cela représente un risque.

La liberté fondamentale voudrait que tous, femmes et hommes, se sentent à l'aise et c'est pourquoi ne pas paraître exhibitionniste ne signifie pas avoir une apparence négligée. Une fille, une future femme, qui est ou sera épouse, mère, amie, confidente, sœur, conseillère, devrait soigner sa mise et laisser des souvenirs qui inspirent le respect, la stimulation, l'émulation, ou l'inspiration. Des tenues classées indécentes ou inadaptées étaient auparavant interdites à des endroits donnés de l'administration et de l'État dans nos pays. Cette restriction a tendance à disparaître, mais, de toute façon, on ne va pas à une réunion de travail comme si on se rendait au théâtre ou en boîte de nuit. Avec la conscience que des personnes passeront toujours outre, les règles établies doivent être imposées et les transgresseurs des interdits sanctionnés, ne serait-ce que par une amende.

b- L'hygiène de l'intérieur

Dans certains pays, avant, pendant et après des jours de fête, les artères des villes et même des devantures de maisons se retrouvent couvertes d'ordures. La grande masse de détritus jonche les marchés et les auteurs ne sont autres que les populations elles-mêmes, riveraines ou non, qui font semblant de s'en plaindre. Ainsi, personne ne se sent responsable, la puanteur avec bien sûr la saleté, sources de maladies, détruisent notre environnement et notre vie. Les lieux publics sont encombrés et la circulation des personnes et des véhicules devient presque impossible. Sautes d'humeur et disputes se relaient au quotidien, accompagnées de retard dans le travail. La conséquence reste un manque à gagner considérable pour les économies des pays et surtout du côté du secteur informel qui occupe

90% des activités génératrices de revenus de pays tels que le Sénégal. Face à de telles situations, il n'est plus permis d'exclure quelqu'un ou de se considérer en marge de la marche d'un pays. Au lieu de blâmer les autres ou de se mettre sous l'arbre à palabres, les femmes devraient se ceindre les reins et inviter les hommes à les suivre dans la prévention et le nettoiement des quartiers. Ceci est un message pour tous, mais en particulier pour les femmes commerçantes et vendeuses occasionnelles dans les rues.

À propos de la propreté de la cuisine, les mentalités diffèrent tout comme les notions d'entretien et de fonctionnalité des différentes pièces et coins des habitations. Par endroits, le problème se pose avec moins d'acuité à cause de la taille réduite des familles et des moyens financiers et techniques. Là, si chacun est conscientisé, les cas de désordre deviennent l'exception et non la règle. Il ne faudrait pas croire que tel groupe a plus de sens de la propreté en se comportant mieux, ce sont les données qui changent, par conséquent les actes et leur impact ne se ressemblent pas.

Dans les régions les moins nanties, les préoccupations sont classées par ordre de priorité selon d'abord l'accès à la nourriture, l'existence des soins de santé primaires, avant de passer à ce qui touche l'environnement immédiat et à tout autre chose comme le fait de veiller à la salubrité, à la bonne tenue de la ville, de la cité.

À des exceptions près, la cuisine est l'un des endroits les moins entretenus, s'agissant d'une maison moderne ou de la campagne, en tout cas, pour la majorité des foyers, et on serait tenté de dire que c'est une mentalité en milieu pauvre. Ce phénomène serait peut-être dû aux multiples difficultés auxquelles les femmes à qui il revient de s'en occuper sont confrontées, bien que ce ne soit pas une excuse. Ni la pauvreté, ni l'angoisse existentielle ne justifient le manque d'hygiène ou la non prise en charge de la saleté et des déchets ; ce qu'il faudrait, c'est une prise de conscience, un changement dans les habitudes et comportements par l'éducation et la sensibilisation des femmes et des masses.

On part du fait que personne n'a accès à un endroit de la maison et on s'occupe de ce qui est plus visible, comme le salon, l'espace familial, et si l'un des conjoints est exigeant, la chambre à coucher. La chambre des enfants est souvent un fourre - tout, pas toujours aéré, où les draps sont changés quand on veut, sans régularité du point de vue de l'hygiène. Les devantures des maisons sont balayées seulement dans certains quartiers. Ce qui doit faire l'objet de plus d'attention, les latrines, les toilettes et les salles d'eau sont ce à quoi l'on attribue le moins d'importance, pour la majorité des habitants, l'essentiel est que les portes ferment bien.

c- La propreté de la cité

La complainte contre la saleté se relaie dans les villes et, légèrement, dans les campagnes en Afrique. Une forte implication des femmes apporterait plus d'efficience dans l'éradication de ce mal et contribuerait à instaurer une hygiène satisfaisante dans les familles et dans les rues. Étant celles qui créent le plus d'ordures en ce qu'elles sont les plus grandes consommatrices et les plus importantes, les femmes ont besoin d'une prise de conscience et d'un savoir-faire adaptable à leur milieu. Elles représentent le groupe qui achète, prépare et donne la nourriture ; il leur revient aussi de ramasser les déchets et d'entretenir les cuisines et les maisons. A l'arrivée des voitures poubelles, on voit rarement des hommes, ce sont les épouses, leurs filles et leurs domestiques qui sortent .Ce sont aussi elles qui, en cas d'absence de ramasseur d'ordures, jettent ou font jeter les ordures, sans se soucier de leur destination.

Communément, le bien-être de la famille se trouve entre les mains de la femme à qui reviennent le devoir et le pouvoir de s'occuper du repas et de la propreté du mari et des enfants. Dans le commerce par exemple, chaque personne manie l'argent en pièces et en billets qui passent entre toutes sortes de mains, dans tous les endroits et transportent des germes. Il serait utile que la femme qui doit aider les autres soit apte à comprendre le danger pour arriver à se protéger et à éloigner de la famille les risques que cela comporte. La propreté des toilettes et des recoins, de l'entourage physique pour tout dire, est respectée si la femme l'impose, de même que la qualité des habits, il ne s'agit pas de cherté mais de mesures d'hygiène adaptées et d'ordre. La première éducatrice est la femme, qu'elle soit alphabétisée ou non, celle qui montre le chemin à tous autour d'elle, pour que la famille et même ceux qui se trouvent en dehors jouissent d'une bonne hygiène. Le respect d'une discipline d'heure de repas, de coucher, de temps devant le téléviseur, bref, une organisation positive et efficace de cette cellule commune qu'est le foyer dépend beaucoup de la femme, la mère pour les enfants, la compagne ou la sœur pour l'homme. Comme nous le savons, ce qui se passe dans le domicile se répercute dans la rue et les comportements positifs ou négatifs sont transposés dans les lieux publics.

CHAPITRE II

FEMME ET POUVOIR ÉCONOMIQUE

Il est à noter que les États ne sont pas restés inertes, des organisations de toutes sortes sont nées et l'objectif initial est toujours de corriger, après le diagnostic, l'analyse et l'évaluation de ces situations précaires que vivent les femmes. Pour de telles entreprises, « Positif » doit-on s'écrier, cela est vrai, mais malheureusement pas toujours. La plupart du temps, au sein de pareils regroupements, seules les personnes qui dirigent les groupes bénéficient des avantages et des retombées, en s'octroyant des visas et des voyages à travers le monde. Ces messagers ou missionnaires prennent part à des conférences au nom des femmes les moins riches et de leurs sœurs des campagnes lointaines ; pourtant les résolutions qui en émanent, généralement, ne s'avèrent pas utiles à la ménagère des villes ou à la femme rurale qui ramasse le bois avec lequel elle prépare la sauce aux feuilles sauvages, sans viande ni fruits de mer.

II-1- RECHERCHE ET ANALYSE DE DONNÉES

On voit que des questions posées à des femmes sur leur développement personnel restent sans réponse dans certains cas, situation qui peut s'expliquer par l'ignorance ou simplement par le renoncement et le découragement. Dans l'exploitation des résultats des questionnaires qui suivent et qui ont été remplis par des femmes, il existe des points de vue semblables ou qui se complètent et, pour cette raison, un tri a été fait, non seulement pour montrer l'essentiel, mais pour ne pas présenter des répétitions.

a-Sondage chez les femmes

Ce n'est pas un hasard si les habitants d'une maison sont généralement réveillés le matin par celle qui est appelée la maîtresse de maison, celle qui prépare l'eau de bain et qui sert le petit déjeuner pour permettre à chacun d'aller vaquer à ses occupations. Ce réveil ne se limite pas à celui ou celle qui était dans son lit, il symbolise une sensibilisation et une éducation que la femme inculque à la société tout entière. De cette manière, les filles, les sœurs, les mères, les grands-mères et les épouses représentent des piliers naturels de la société. Dans le cadre de ce travail de recherches sur la vie socioéconomique de la femme, on a rassemblé des informations dont certaines sont exposées de façon anonyme, sans commentaire, dans les six tableaux ci-dessous :

Questionnaire 1

Domaine d'activités : commerce.	**Raisons**: contraintes.	**Commentaires** : difficile de trouver un emploi.
Employée : oui.	Impossibilité de trouver un financement ou un emploi salarié.	Gains faibles, à la commission.
Employeur : un groupement d'intérêt économique (GIE).	Manque de solvabilité.	Revenus faibles.
Détails sur la fonction 1-Vente de produits au porte à porte. 2-On est souvent	Les gens n'ont confiance ni en nous, ni en nos produits.	Si on ne vend pas, on ne gagne rien.

maltraité par les clients. 3- Des journées sans rien vendre.		
Action sur l'environnement 1-Les emballages vides sont jetés partout et ne sont pas biodégradables.		Nos produits participent à la dégradation de l'environnement.
Craintes 1-Etre renvoyée du jour au lendemain. 2-La faillite du groupe. 3-Tomber dans la pauvreté totale.	Ça marche difficilement.	Les membres du GIE doivent rembourser un prêt et les taux sont élevés.
Espoirs 1-Trouver un emploi sûr et renforcer mes compétences.		

Questionnaire 2

Domaine d'activités : technicienne supérieure en marketing.	**Raisons**: choix dans la contrainte.	**Commentaires** :
Employée par moi-même.	Je ne vois pas d'employeur.	Il faut que je fasse quelque chose.
Détails sur la fonction 1-Des personnes apportent des	Je ne dispose pas de fonds propres.	Je dépends des humeurs de mes fournisseurs.

containers et me donnent des marchandises au prix de gros. Après avoir vendu, je prends mon bénéfice.		
Action sur l'environnement :		On ne sait rien de ce qui se rapporte à l'environnement.
Craintes Ne jamais trouver un travail décent.	Les employeurs n'embauchent pas.	
Espoirs Trouver de l'argent pour créer une entreprise et créer une marque.	Etre indépendante.	Le secteur privé doit être fort.

Questionnaire 3

Domaine d'activités : nettoiement.	**Raisons** : contrainte.	**Commentaires** : je n'ai pas été à l'école.
Employée : oui.		
Par une entreprise de la place.		
Détails sur la fonction : 1-Balayer, essuyer les bureaux. 2-Nettoyer les toilettes. 3-Ramasser les ordures.		

Action sur l'environnement : 1-Usage de produits toxiques.		Risque pour ma santé, et faible paye.
Craintes : 1-Peur de tomber malade. 2-On peut me renvoyer à tout moment. 3-Je ne connais pas les produits que j'utilise.	Le contact de l'acide et de l'eau de javel avec les mains et les yeux.	Je dois m'occuper de ma famille ; je travaille 6 jours sur 7 et je n'ai pas les moyens de payer une domestique. Je n'ai aucune chance d'être embauchée.
Espoirs : 1-Mon employeur s'occupe de ma santé, il me paye les soins.	Je cherche un financement minimal pour faire un petit commerce.	

Questionnaire 4

Domaine d'activités : banque	**Raisons**: hasard.	**Commentaires** :
Employée : oui.		
Détails sur la fonction 1-Reception de la clientèle. 2-Ouverture de compte. 3-Maniement de billets.		Je reçois toutes sortes de personnes, correctes, incorrectes, mais aussi des truands et des voleurs déguisés.
Action sur l'environnement : 1-Les billets de	On ne connaît pas la matière avec laquelle les billets sont	

banque nuisent à la santé.	fabriqués.	
Craintes : 1-Risque d'arnaque. 2-On peut tomber malade. 3-Des problèmes conjugaux.	Il y a trop d'heures de travail et pas assez de personnel.	On n'est pas souvent à la maison et les maris sont exigeants, de même que les belles-familles. Il faut aussi s'occuper des enfants, de leurs études et de leur santé. On quitte la maison très tôt pour rentrer très tard et le conjoint qui arrive bien avant se fâche, surtout quand le plus jeune enfant s'endort sans manger.
Espoirs : 1-Gagner beaucoup d'argent à la banque pour l'investir ailleurs. 2-Trouver un emploi moins contraignant sur le plan social et sur le temps de travail.		On a quand même des possibilités comme le prêt bancaire et la couverture médicale.

Questionnaire 5

Domaine d'activités : barreau	**Raisons**: choix.	**Commentaires** :
Employée : oui.		C'est un travail intéressant, on est au service de la population.
Détails sur la fonction :	Aider les autres tout en	Il faut faire des études poussées. C'est

1-Prendre la défense des accusés. 2-Défendre les intérêts d'un demandeur. 3-Rendre visite à des prisonniers.	gagnant sa vie. Donner des conseils juridiques gratuits aux femmes en détresse.	contraignant, on perd parfois. On y trouve plus d'hommes que de femmes.
Action sur l'environnement :		
Craintes : 1-Défendre quelqu'un qui est dans le tort et avoir un regret. 2-Ne plus avoir de temps pour sa famille.		On est obligé de chercher des clients pour gagner sa vie.
Espoirs : 1-Gagner assez d'argent. 2-Ouvrir son cabinet et être autonome.	On ne peut pas passer toute sa carrière à travailler pour son collègue.	

Questionnaire 6

Domaine d'activités : vente de légumes.	**Raisons :** conditions de vie difficile.	**Commentaires** : J'ai pris la décision sur le conseil d'une voisine qui avait remarqué que mon mari me battait souvent quand je lui demandais de l'argent.
Employée par moi-même.		Ma voisine m'a donné une somme qui m'a permis d'acheter mon premier panier de produits maraîchers.

Détails sur la fonction : 1-Je me rends auprès des grossistes à l'aube pour acheter la contenance d'un premier panier. 2-Dès le retour à la maison, je m'efforce d'effectuer les tâches ménagères sans perdre une minute. 3-Avec l'accord d'un gérant de magasin, je me dépêche pour étaler ma marchandise dans une partie de la devanture afin que les femmes des alentours puissent s'approvisionner à temps pour aller faire la cuisine. 4-Vers midi, je ramasse tout pour rentrer et terminer mes propres travaux domestiques. 5-A une heure tardive de l'après-midi, je retourne à mon lieu de travail pour vendre petits fruits et cacahuètes.		Je travaille beaucoup, je n'ai pas droit à des congés.

Action sur l'environnement : 1-L'utilisation de l'engrais.	Baisse de la qualité des fruits et légumes.	Accompagner le maraîchage.
Craintes : 1-Ne ne pas disposer d'un lieu de travail. 2-Etre concurrencée par les plus riches.		
Espoirs : 1-Gagner assez d'argent pour ouvrir un grand magasin.	Je vis mieux sur le plan matériel.	Je ne demande plus rien à mon mari, je paye tout pour mes enfants. C'est la paix avec tout le monde.

Tous ces exemples choisis parmi une multitude démontrent que la femme est le fondement de la société, du quartier, du village, de la ville, de la région, du pays et du monde. En se trouvant naturellement éducatrice de la famille, responsable du bien-être du mari, des enfants, des études de ces derniers à travers une hygiène du corps et de la vie. De manière certaine et indéniable, pour l'entretien, la sauvegarde de l'écosystème et l'économie, quel que soit le niveau d'accès possible ou l'angle sous lequel la question est abordée, la femme est un pont incontournable, unique même.

b- Stratégie de développement au Sénégal

On note en 2012-2013 quelques éléments d'appréciation de la situation socioéconomique dans un pays pauvre et dépendant principalement d'exportations, d'aide étrangère et de retombées de l'émigration de l'essentiel de ses forces physiques et intellectuelles. Pour simplement dire que les produits les plus utilisés proviennent de l'extérieur ; la main-d'œuvre représentée par les jeunes s'exporte, ceux qui partent pour étudier reviennent rarement au bercail et ceux qui restent vivent des envois financiers et matériels des proches qui sont expatriés. De fait, la dépendance à l'égard de l'extérieur tarde à baisser, d'autant plus que les exportations n'arrivent pas à décoller, faute de qualité et de quantité suffisantes. Aussi pourrait-on apprécier le taux de pauvreté au Sénégal, selon ESPS (Enquête Suivi sur la Pauvreté au Sénégal), à travers certains exemples :

Ziguinchor : 68.6%

Kolda : 76.6%

Sédhiou : 63.3%

Kédougou : 71.3%, (ANSD, Dakar, Sénégal).

Généralement, on soutient dans la plupart des media que 800 milliards de francs CFA proviennent des personnes émigrées et servent à alléger les charges familiales, surtout dans les dépenses pour la nourriture et la santé. Concernant les statuts de ceux qui sont chargés de faire vivre les populations ou chefs de famille, on note :

-Ménages monogames : 46.7%

-Ménages polygames : 50.1%

-Foyers dirigés par des femmes : 34.7%

-Foyers dirigés par des hommes : 50. 6%.

Les personnes âgées inactives représentent 30,7% de la population, ont pourtant des charges sociales et familiales, et sont celles qui, soit bénéficient pour la majorité de faibles pensions de retraite, soit n'y ont pas droit parce que n'ayant jamais eu de salaire. Des groupes de personnes se sont toujours laissé entretenir par un ou deux salariés dans leur famille, si ce n'est par un seul enfant ou un autre parent proche émigré. Toujours dans des cas pareils, les femmes se débrouillent pour faire bouillir la marmite, de bonne et belle manière si elles ont accès au financement et à la formation ; dans certaines circonstances, elles assurent la subsistance de façon très dure ou même indigne, si rien de tout ce qui peut aider ne se trouve à leur portée.

Au Sénégal, au début de 2016, l'Association des Femmes Agricultrices a élevé la voix pour protester contre le fait que, malgré une petite embellie dans les récoltes au plan national, elles se sentent oubliées, marginalisées. Ce qui les fâche le plus, c'est le constat qu'elles ne se souviennent pas d'une quelconque visite dans les champs tenus par des femmes, d'un ministre de l'Agriculture depuis des temps immémoriaux. Personne ne peut les blâmer puisque ce qu'on a remarqué est que des dirigeants, pour la plupart, ne s'intéressent qu'aux politiques, aux religieux et aux industriels. Aussi ces femmes se considèrent-elles comme des laissées- pour -compte, des personnes dont on n'a besoin qu'à de rares occasions, lors des meetings politiques par exemple, malgré les efforts qu'elles fournissent en se battant plus que les hommes parfois, pour créer des micro entreprises agricoles et des emplois dans les zones rurales.

Ces braves travailleuses se donnent corps et âme aux travaux champêtres et ensuite aux activités de transformation des produits locaux pour ainsi participer au développement que l'on veut désormais durable. Cette manière à elles de jouer leur partition dans le « consommer local » contribue effectivement, sans ambages, à la réalisation de la sécurité alimentaire qui pourrait permettre à l'Afrique de combattre l'inégalité dans les échanges commerciaux dans le monde. Si ces femmes étaient mieux encadrées et soutenues par des formations qui prennent en compte les besoins réels, socioéconomiques et pas seulement politiques, puis financées de façon conséquente sans taux d'intérêt excessif, la balance commerciale entre le Sud et le Nord serait équilibrée et le commerce Sud-Sud en serait renforcé par les retombées, la construction de pistes de production, au profit des populations locales. Les importations alimentaires se réduiraient sensiblement au profit des exportations, mais ce, à condition que les normes internationales de qualité soient respectées.

II-2-FEMME, MODE ET POLYGAMIE

a- Les media et la mode pour les femmes

On retrouve un grand nombre de femmes dans les media et ce, parfois, parce qu'elles semblent pouvoir attirer les auditeurs par la belle voie et les téléspectateurs par la présence physique, aucun mal à cela, pourrait-on dire. Celles qui sont choisies sont généralement de peau très claire, métissée ou dépigmentée, rarement noires et naturelles, du point de vue de l'habillement, des gestes et des paroles.

Parmi ces employées, souvent des personnes sans formation spécifique invitent surtout des personnalités anti-modèles plus que modèles, l'essentiel étant qu'elles soient généreuses, célèbres ou impliquées dans la politique auprès de ceux qui dirigent. Ceux qui sont montrés sont ce qu'ils appellent « people ou V.I.P. », mais pas toujours des gens qui contribuent à éveiller et à sensibiliser les populations dans la direction du respect de l'autre, de la propreté, de l'hygiène, de la probité et du travail légal, utile et bien fait. L'Internet est aussi bien exploité par ces travailleurs et travailleuses des media, qui ne pensent pas à placer des garde-fous contre la cybercriminalité qui contribue à arnaquer et à piéger des femmes.

Expression personnelle du physique, la mode est un outil d'exposition de ce qu'on est, ou veut être, un outil d'émancipation. Généralement, les femmes se disent modernes à partir de leur participation aux événements liés à l'apparence, à l'habillement, à la coiffure et aux accessoires. Dans les « salons », elles s'activent dans la couture et les produits de beauté pour satisfaire les clients, pour paraître belles, mais surtout pour réussir les défilés qui servent de publicité nationale et internationale. Les organisatrices se positionnent comme créatrices et conseillères en présentant au public des filles, à moitié nues le plus souvent, qu'elles appellent mannequins ; on y trouve aussi des hommes. Une fois qu'on tombe sur une célébrité qui accepte de recevoir ses services gratuitement, on détient la clé du succès, c'est en tout cas ce qui se dit. De la tenue de sport à la lingerie, en passant par la tenue de ville ou de cérémonie, on travaille pour satisfaire tout le monde, homme, femme, enfant et future maman. Les acteurs de ce domaine font preuve d'ingéniosité et de savoir-faire notoires, quoi qu'on dise.

En revanche, de soi-disant créatrices ne font que copier ce que fait l'autre et cette autre se trouve dans la plupart des cas en Occident. Physiquement et culturellement, ce qu'une femme porte doit lui aller et ce qu'on utilise pour mettre en exergue sa beauté ne doit lui faire courir aucun risque, ni sanitaire, ni par rapport à la société dans laquelle elle vit. Par conséquent, il importe de former et de recycler les femmes dans le domaine dans lequel elles évoluent, afin d'éviter un suivisme idiot de leur part, pour les rendre capables de s'adapter aux évolutions dans leur domaine de métier, en leur offrant les conditions ou moyens de survie économique les meilleurs.

De plus, une forme de complexe d'infériorité empêche les femmes africaines de s'affirmer ; lorsqu'on ne se réfère pas à des marques étrangères, le produit qui leur est présenté est déjà à moitié dévalué. Toujours chercher à être à la mode freine l'initiative et la créativité, car c'est quoi la mode ? Ce que l'autre fait de beau ou de plus beau est-il une raison pour que l'on suppose qu'il est plus riche, plus doué ou plus intelligent ? Il faut se poser des questions positives et se valoriser en croyant à ses possibilités, en s'estimant capable de réussir dans l'effort, avec les autres.

Dans *Les Lettres Persanes* de Montesquieu (1721), deux Persans donnent leur avis sur la mode en Occident dans la lettre numéro 100 qu'ils adressent à des personnes restées en Perse. Ces voyageurs se demandent si les Français et leurs femmes sont conscients des sommes qu'ils dépensent pour être à la mode. Karaton et Bessières (1981) abondent dans le même sens, pour penser que la mode déstabilise l'être humain qui se voit obligé de changer, en jetant aujourd'hui ce qu'il a payé hier et en jetant demain les choses qu'il a payées aujourd'hui, Michel Butor écrivain français parle de Modification, (1957). Dans ce jeu du plus rusé, la grande perdante, de nos jours, reste la femme, qui se sent périodiquement démodée.

b- La polygamie

Dans les ménages, la polygamie fait partie des schémas de la vie familiale en Afrique parce que reconnue par des religions ou simplement des cultures. Les relations entre coépouses se passent rarement bien, de façon exceptionnelle pourrait-on dire. L'entente se réalise généralement lorsque le mari arrive à subvenir aux besoins de la grande famille et qu'il respecte l'équité, l'égalité n'étant pas possible, car bien qu'on y fasse allusion, l'homme a toujours des préférences. Pour que la paix perdure dans ces circonstances, l'éloignement ou la neutralité des belles-sœurs et des belles-mères s'avère nécessaire. En dehors du minimum d'aisance matérielle et sociale requise, l'homme doit disposer d'une force de caractère et d'un charisme sans faille pour gérer les enfants et l'entourage qui agit quotidiennement sur les membres de la famille directement ou du dehors.

Malheureusement, les femmes se laissent manipuler, d'abord par les hommes qui les épousent successivement l'une après l'autre, parfois sans en limiter le nombre. On rencontre des femmes qui ignorent le nombre de leurs coépouses ; heureusement que tous les hommes ne jouent pas ce jeu. D'autre part, ces épouses, dans l'ordre croissant dont le rang dépend de l'arrivée et n'est pas toujours certain, sont aussi les proies de méchantes coépouses plus riches ou ragaillardies par le mari profiteur. Ce dernier, insouciant, n'éprouve ni gène, ni honte, ni regret ou même pitié envers celle qu'il rabaisse et fait souffrir, oubliant qu'au moins il a ou avait une mère qui est ou fut une femme.

Généralement, un bon nombre de personnes sur la liste des coépouses se retrouvent abandonnées à leur propre sort, laissées au domicile des beaux-parents ou en location dans un appartement à deux pièces mal aéré et sans cuisine, avec des toilettes communes au fond de la cour. La misère et l'humiliation sont rendues plus dures par la guerre que se livrent celles qui partagent le même homme ; si certaines ne se battent pas physiquement, elles se regardent en chiens de faïence et y entraînent les enfants. D'autres, c'est toujours dommage, rivalisent et se combattent par personnes interposées, même si elles vivent dans des pays différents. Des amies, des cousines et aussi des hommes de confiance, qui reçoivent des récompenses diverses selon le cas, sont chargés de surveiller, de taquiner et parfois d'agresser la rivale, verbalement, physiquement, en passant par des créneaux inimaginables.

Les conséquences de la vie polygame sont souvent fâcheuses, dramatiques pour les femmes et les enfants qui se perdent dans cette espèce de jungle humaine, impitoyable, créée pas seulement par le père mais aussi par la mère ou la mère d'un frère ou d'une sœur qu'on ne connaîtra jamais ou qu'on ne verra plus. Tous ces drames mènent à l'émergence de famille monoparentale où d'habitude c'est la femme qui récupère ce qui reste du groupe à la suite de la séparation avec le père. Dans les cas où la femme se remarie, elle revit souvent un autre drame avec les enfants du nouveau mari, ou bien c'est cet homme qui a des relations difficiles avec les enfants de cette femme, et on assiste là à une difficile, voire impossible recomposition parce que les éléments sont incompatibles.

Pour toutes ces raisons, il urge de faire comprendre aux femmes qu'elles ont besoin de se solidariser pour échapper au mal que leur causent certains hommes et qu'elles exacerbent en se haïssant les unes les autres sans raison. Point n'est question d'éliminer les polygames, mais pour ceux qui en font l'option, les femmes concernées, on peut dire en lice, doivent assurer leur survie en se liguant pour veiller ensemble sur leurs intérêts et les sauvegarder. Ce serait utile que les pouvoirs publics réfléchissent à former la femme à la gestion du ménage, de la belle-famille et surtout de la polygamie dans leur recherche d'autonomisation de celle-là.

CHAPITRE III

PRÉSENCE DANS LES INSTANCES DE DÉCISIONS ET ACQUISITION DES TERRES POUR LES FEMMES

Même si le leadership familial de la femme est contesté par certaines formes de cultures, cette dernière est et demeure le fondement sur lequel reposent l'homme et l'enfant. Dans la mesure où la naissance, l'éducation, la nourriture et l'hygiène dépendent principalement d'elle, de son action et, mieux, de ses capacités mentales et physiques, la femme s'impose naturellement à l'ensemble de la société.

III-1- GENRE ET SOCIÉTÉ CIVILE

L'implication des femmes dans ce qu'on dénomme «la société civile» est une avancée, bien qu'elle soit discriminatoire, ne visant que les intellectuels, les acteurs dans la haute sphère, ceux qui bénéficient de fonctions importantes et les politiques. Ce cercle fermé n'est pas à l'avantage de la population féminine faible et généralement non instruite, dans ce qui définit la société civile comme un contrat social qui a, entre autres missions, de faire la guerre à la violence, à l'injustice, une guerre menée par tous les citoyens. Si on le comprend bien, pour sa protection, cette société civile est condamnée à exister auprès d'un État dont le chef est garant des institutions.

a-Insertion des femmes et difficultés

Un bel exemple de leadership féminin a été remarqué à Thiaroye dans la banlieue dakaroise, endroit défavorisé et hostile à la vie ; l'avancée de la mer s'est combinée à la pauvreté et à la présence des ordures. Cet état de fait a poussé beaucoup de jeunes à essayer de se rendre en Europe en traversant la mer dans des pirogues, de petits véhicules marins creux, en bois, ayant la forme d'un bateau ou de la lune, sans toit, sans épaisseur, sans lumière, dotés d'un petit moteur pour braver la houle, les requins et autres dangers. Par solidarité familiale, les mamans ou les sœurs financent l'hypothétique voyage dans le plus grand secret, en complicité avec le prétendu futur émigré, et d'ailleurs les négociations avec les organisateurs de l'odyssée se passent aussi en cachette et de manière très âpre.

En plus de toutes ces causes de stress, l'incertitude, la crainte et la recherche d'un accord, l'acquisition de la somme à payer sont un autre fardeau. On rassemble l'argent provenant des petites ventes effectuées sur les produits de mer, les légumes et la friperie, et qui devrait être réinvesti ailleurs et aussi, servir à payer le loyer ou les factures d'eau et d'électricité, si toutefois on en bénéficie. Un autre moyen de financer les voyages fut, à un moment donné, les envois financiers des frères et sœurs partis plus tôt en Occident et qui, par chance, sont arrivés à bon port, avant la crise économique et financière des années 2010.

Parmi ces femmes battantes de Thiaroye, un groupe a réussi la construction de salles de classes et de cantines scolaires pour les enfants handicapés et particulièrement les non-voyants. Elles méritent une reconnaissance nationale et devraient inspirer leurs sœurs, surtout celles qui se sont lancées dans les batailles politiques, pour qu'elles ne se soucient plus seulement de leur propre ascension sociale et des biens matériels. Ce qui encourage le plus dans le cas de

Thiaroye, c'est que des femmes dans leur communauté n'attendent ni les hommes, ni les dirigeants, pour non seulement diagnostiquer les défis, mais prendre des initiatives collaboratives pour les relever.

Il s'agit ici d'un domaine prioritaire, l'éducation d'enfants handicapés qui requiert un traitement spécifique autant dans les infrastructures que dans les programmes et chez les enseignants. En apportant un plus à l'existant, à l'école publique dont le manque de moyens est criard, elles se mettent heureusement à prendre leur destin en main, en s'acheminant à long terme vers la résolution des problèmes qui se posent à elles. En créant des financements de manière autonome par des cotisations lentes mais sûres, de façon participative, elles construisent leur autonomie.

b-Des femmes remarquables

En 2008 aux États-Unis, à l'Université de Berkeley, une femme d'origine éthiopienne a découvert avec ses étudiants des piles dites super protoniques dans son laboratoire. Ces piles sont destinées à produire de l'énergie propre pour les automobiles. D'autres femmes se sont distinguées dans d'autres domaines ; en France, Ségolène Royal est la ministre de l'Écologie, occupant ainsi le troisième rang dans le gouvernement. Paradoxalement, dans une période de 110 ans, seule une douzaine de femmes se sont vu décerner le prix Nobel de la paix. Heureusement, le 7 octobre 2011, trois femmes ont reçu le prix Nobel de la paix : Ellen Johnson Sirleaf, première femme présidente en Afrique au Liberia, Leymah Gbowee, une autre Libérienne pacifiste et une Yéménite, Tamakul Karman, qui a été à l'avant-garde de la lutte pour les droits des femmes dans son pays. Ce sont des personnes qui ont combattu les différences et des différends ethno-religieux pour renforcer la paix et protéger les femmes sur les plans social et politique.

Quant au manque d'équité dans les fonctions, les exemples ne manquent pas : l'infirmière, la sage-femme et le médecin, l'enseignante, l'avocate se retrouvent victimes de discrimination aux postes de décisions. Une esquisse de bonne gouvernance a permis de renforcer plus ou moins la capacité des femmes et l'application de la parité a augmenté leur nombre. Au sein des instances dirigeantes comme les groupes parlementaires, la vice –présidence, des efforts s'imposent. Il n'est cependant point question de mécaniser les stations, le mérite et les compétences doivent rester des facteurs de choix. Cette situation de faveur devrait stimuler toutes les femmes dans la recherche d'une meilleure formation dans le sens de l'application des valeurs les plus positives possible pour un devenir plus prometteur des peuples.

Cette mentalité positive fut jadis renforcée par une religion comme l'islam quant à l'acquisition des terres et, par la suite, la femme a en quelque sorte dormi sur ses lauriers. La réalité devenant tout autre avec les questions d'héritage, généralement et surtout en cas de polygamie où au moins l'une des épouses, sur un nombre déterminé par le milieu culturel, risquait et risque encore de se retrouver dehors et sans ressources de valeur. Bien que 53% des filles dans le monde ne soient pas scolarisées, il faudrait considérer le fait que les divorces sont devenus plus fréquents avec l'émancipation des femmes plus averties sur leurs conditions d'existence, sur leurs droits ; les plus instruites s'évertuent à sensibiliser les autres, mais il existe des failles. A cela on devait ajouter celles qui, par hasard ou par option, restent célibataires. Dans tous ces cas de figures, la femme a senti la nécessité pour elle d'accéder à la propriété foncière et c'est le début d'une de ses batailles. Les crises économiques se succédant, le besoin de posséder quelque chose d'important et de durable grandit et se renforce, conduisant à la recherche de l'égalité sinon de l'équité dans le genre.

L'accès de la femme à la terre est une bataille rude entre les hommes et on ne pense pas encore à une équité effective sur ce plan vis-à-vis des femmes. Les garanties bancaires ne facilitent pas l'accès au financement ; ces dernières n'arrivent pas à acheter l'endroit où cultiver ou transformer des produits et ne peuvent pas non plus investir dans d'autres secteurs plus chers, plus inaccessibles. Pour ces raisons-là, la réussite des petites et moyennes entreprises, PME, PMI, a été ralentie.

Habituellement, en Afrique, la terre n'a pas été un objectif pour les femmes d'antan, ni pour l'agriculture, ni pour l'habitation. Dans la conscience collective, il revenait à l'homme de loger, de nourrir son épouse, sa sœur et sa fille.

c- Femme et chômage

La lutte contre le chômage s'impose aux femmes du fait de leur fragilité qui n'est pas simplement d'origine physique, cela est dû au fait qu'elles sont là pour supporter et engloutir les échecs et les manquements du reste de la société de par leur rôle dans la famille et leurs actes, bons ou mauvais dans la vie. Elles ont le devoir de penser une réorganisation de la société dans l'innovation socio-économique en recyclant, en inventant juste. En commençant par les ordures domestiques, pourquoi ne pas trier ce qui est réparable ou transformable avant de jeter les choses inutiles ? S'organiser en groupements économiques familiaux (GEF) pourrait faire débuter de bonnes affaires en rassemblant le peu d'argent disponible dans la maison ou la concession sous formes de cotisation individuelle. L'étape suivante serait ensuite de discuter de ce qui semblerait plausible en micro-entreprenariat comme faire des gâteaux, préparer le repas à vendre aux ouvriers du chantier le plus proche, payer le transport et aller chercher l'eau, le bois, les condiments qu'on vendrait aux autres pour la nourriture, regrouper quelques jeunes pour garder les commerces de nuit en leur fournissant lampes, sifflets et autres accessoires, sans nuire à l'écologie.

L'expression « inégalités écologiques » est apparue en 2002 au Sommet de Johannesburg en Afrique du Sud, sur le développement durable. Pour Marianne Chaumel et Stéphane Branche (2008), il importe de considérer les écarts entre la nature et les communautés avant de se pencher sur les différences ou même les forces d'un groupe à un autre. C'est après qu'on arrive à cerner le rapport entre la nature et la société en termes écologiques et, par conséquent, économiques. D'autres études ont été menées sur l'environnement et la société et ont émis des idées telles que la sociologie de l'environnement. Quelqu'un comme Vaillancourt (1996) a travaillé sur les relations entre l'Homme et la biophysique autour de lui ; les transformations naturelles ont provoqué les changements que subit l'espace physique, phénomène qui est pour beaucoup responsable des changements sociaux, tant au plan individuel que collectif.

Certains chercheurs soutiennent que l'environnement est une partie de la vie socioéconomique alors que d'autres, les plus jeunes dans la recherche, en font un facteur déterminant. L'approche de Vaillancourt est interdisciplinaire et fusionne le social, l'économie et l'écologie dans l'action de l'être humain sur l'environnement et les effets de ce phénomène, comme un effet de boomerang sur ce dernier. On se retrouve ainsi devant une interaction entre les inégalités écologiques et les inégalités économiques que sont la situation géographique par exemple, ou le travail, le genre, etc.

Face à ces problématiques précitées, la justice environnementale et la lutte contre les inégalités territoriales devraient être mises en avant. Les riches et les blancs n'ont aucun droit de jeter leurs déchets chez les pauvres ou hommes de couleur, et l'endroit défavorisé où vit un être humain ne doit nullement lui être collé comme un mérite. De toute manière, il est du ressort des pouvoirs publics de veiller aux correctifs à apporter à ces différentes sortes d'injustices, mais encore de changer de politique, de manière à éviter toutes ces tracasseries aux populations démunies.

Le long des plages, dans des pays moins nantis comme le Sénégal, des femmes restent assises, le dos courbé pendant des heures par-dessus le produit étalé à même le sol ou sur des morceaux de fer ou de bois faisant office de tables. Ces vendeuses espèrent ainsi gagner un peu d'argent des touristes et des baladeurs des bords de mer. D'autres sèchent ou fument ce qu'elles vont écouler dans les gros villages ou les capitales régionales à vil prix. C'est par la suite que, de revendeur à revendeur, des gens bénéficiant d'une assise économique plus importante profitent de la chaîne créée par ces personnes, sans droit d'auteur. Ces hommes ou femmes d'affaires « de classe » gagnent plusieurs fois plus que les initiatrices qui jouent le rôle de créatrices et d'ouvrières.

Fort heureusement, par amour propre, par prise de conscience, la plupart des femmes se battent pour sortir de la pauvreté, tandis que d'autres veillent à ne pas appartenir au grand nombre des nécessiteuses. La recherche d'emploi provoque des comportements inavouables, et mène, selon le cas, de jeunes dames se résignent à taper à des portes d'habitations pour se faire engager comme cuisinière, lingère, ou femme de ménage tout court. D'autres se prélassent en des endroits de leur choix, y passent des journées sous la coupole d'un patron ou d'une patronne qui se porte garant de leur sécurité auprès de prétendus futurs employeurs, moyennant bien sûr une ristourne. Du côté de ces derniers comme chez les travailleuses domestiques, on retrouve des brebis galeuses. On rencontre quelques personnes qui gèrent des maisons closes, des hommes qui cherchent des partenaires et de soi-disant domestiques qui se prostituent clandestinement. En plus de toutes ces malversations, les rapports entre employés et employeurs ne sont pas toujours au beau fixe. On note le non-respect des engagements souvent verbaux de part et d'autre et quelquefois de la maltraitance–esclavage provenant d'employeurs composés en majorité de femmes.

Malgré toutes les velléités de régulation, beaucoup de questions demeurent, les réponses rendues quasiment impossibles en raison de la faiblesse des revenus de la majorité des populations, principalement en Afrique. Beaucoup de familles sont loin de pouvoir employer quelqu'un, bien au contraire. Les filles et garçons se contentent de se payer le thé ou la tasse de café, assis sur des chaises sans dos ou bien placées contre le mur pour compenser un pied manquant, et cela, souvent accompagné de tapage nocturne empêchant leurs propres mamans et leurs voisins de dormir. Le père retraité ou absent pour cause de polygamie, de décès ou de simple abandon n'est d'aucun secours.

Au Sénégal, le secteur informel occupe le plus de personnes qui pratiquent diverses activités, certaines très importantes et novatrices, mais malheureusement, une grande partie de ce qui est produit ne satisfait pas la clientèle internationale de par la qualité. Il s'y ajoute la faiblesse de la valeur ajoutée ; l'effet des crises économiques et conflictuelles agit davantage sur les pays en développement et sur la partie la plus démunie des populations, les femmes. La démographie, non contrôlée pour des raisons socioreligieuses, s'accompagne de difficultés à l'accès aux services sociaux de base comme l'école et la santé, exacerbant ainsi l'exclusion sociale.

Le rôle de la femme éducatrice, infirmière, médecin, sage-femme, etc., est incontestable, incommensurable, irremplaçable. Ce genre de personne mène une vie empreinte de plus de sacrifices du fait du travail de nuit imposé par les recherches, les corrections ou l'assistance et les veillées au chevet des malades. Autant elles sont indispensables à domicile, autant elles le sont au lieu de travail et il leur revient de s'organiser, de gérer maris et enfants, quelquefois une partie de la belle-famille, tout comme le patron, les collègues et le public.

Ce qui résulte de toutes ces exigences sociales est le stress si l'on n'est pas bien outillé et aidé. N'a-t-on pas souvent vu ou entendu des élèves, des patients ou les parents de ces derniers se plaindre de la mauvaise humeur ou des absences d'une enseignante ou d'un agent de santé ? Il existe sûrement des travailleurs non motivés pour des raisons diverses ou simplement par manque de vocation à tous les niveaux. Pourtant, d'autres personnes croient au métier qu'elles exercent et s'y donnent à fond. Comme le dit l'adage, nul n'est infaillible et la perfection n'existe pas. Il nous arrive de commettre des fautes, d'avoir tort, mais pas toujours, et rarement à dessein.

III-2-ENVIRONNEMENT ET CONSOMMATION

La grande consommation relève des femmes, de leur pouvoir d'achat, de leurs besoins. Les produits de base tout comme les accessoires de beauté sont en grande partie commandés et consommés par elles et beaucoup d'espoir pourrait être placé en elles dans la lutte pour l'écologie.

a-Produits cosmétiques et écovie

Il est sûrement question de beauté, car la femme est belle et tient à sa beauté, et c'est ce qui la rapporte à ces « cosmétiques », terme qui vient du mot grec « cosmos » signifiant l'univers .Les Grecs partaient du principe que l'univers était beau et que c'est donc pour cette raison que les produits de beauté sont qualifiés de cosmétiques. Ainsi, pour embellir son corps, la femme qui en a les moyens se paye toutes sortes de crème, de lait maquillant, démaquillant, de perruques, greffes.... Ces accessoires leur réussissent dans la plupart des cas et ont bien des fois, des effets de cure de jouvence.

Néanmoins, tout ce qui est proposé pour être plus belle ne convient pas toujours à toutes .On ne tient pas compte des allergies et des incompatibilités et encore moins des prix pas à la portée de tout le monde. Cette recherche de la jeunesse et de l'élégance pour toute la vie, sauf intervention chirurgicale, ne change pas la forme des parties du corps. Le plus déplorable se remarque dans la dépigmentation de la peau que l'on veut éclaircir. Une frange des femmes use de produits d'éclaircissement de façon pérenne jusqu'à environ soixante-quinze, quatre-vingts ans, et c'est en général celles qui s'y connaissent mieux et qui achètent des produits de luxe.

Une autre catégorie dispose du capital financier mais n'a pas la bonne information. D'autres femmes sont expertes dans l'usage des laits, crèmes et pommades et n'ont pas de quoi les acheter. Enfin, un dernier groupe, très varié et important, sinon plus important, ne dispose ni des fonds nécessaires, ni de la possibilité de trier et de faire la différence entre ce qui existe et ce qui ne sied pas. L'un dans l'autre, les trois cas de figure finissent trop souvent par faire des victimes, dans le sens où celles qui veulent devenir plus claires ou même blanches, alors que ce sont des femmes noires, finissent par abimer leur peau et leur apparence ; beaucoup d'entre elles finissent leur vie en aller et retour chez le dermatologue. Si ce n'était que les soins que cela impose, on serait tranquille mais malheureusement, beaucoup sont défigurées, et définitivement, n'osant plus sortir de chez elles ou portent le voile musulman par défaut.

D'ailleurs, il y a lieu de considérer l'influence et l'impact de l'attitude des hommes vis-à-vis des femmes dépigmentées et de celles qui sont noires ou du moins naturelles. On s'est rendu compte que des maris et des amants préfèrent les femmes métamorphosées pour ne pas dire artificielles ; certains d'entre eux sont prêts à payer les produits et s'en glorifient. Alors, pour les groupes de femmes les plus faibles psychologiquement et parfois intellectuellement, il n'est point question d'avoir un teint foncé. Une autre conséquence de ce constat est la concurrence en peau plus claire entre rivales, coépouses. Sans doute, faut-il louer la personnalité des femmes qui, pour rien au monde ne se feraient de complexe, relativement à leur apparence, à leur teint.

Probablement, un autre fait, et non des moindres, agit sur la psychologie de la femme, et surtout, sur celle des plus jeunes. En observant les journalistes et les présentatrices d'émissions télévisées, la majeure partie de celles qui sont choisies ont un teint plus clair que la moyenne féminine dans beaucoup de pays d'Afrique. Vraisemblablement, ce phénomène incite les filles à s'éclaircir la peau. Peut-être que, dans les formations déroulées pour les femmes, on devrait y insister sur l'identité propre, le droit à être fière de sa peau ; cela aiderait cette catégorie de personnes à ne pas se laisser tirailler et illusionner par les caprices d'une partie des hommes et des femmes.

b- Le tourisme

S'agissant du tourisme, faire allusion à une femme est presque un délit chez une partie des populations. Cette dernière est considérée comme la principale marchandise de ce secteur, son moteur et sa finalité. Il convient ainsi de se poser la question : « Que deviendra le tourisme sans la femme ?».

Les femmes valorisées comme les cadres, les techniciennes et femmes d'affaires occupent une très petite place dans les ministères, écoles touristiques, directions hôtelières et agences affiliées. A part les secrétaires des patrons, le reste des femmes qui s'agitent dans le tourisme, si elles ne sont pas vendeuses d'objets rares et de souvenirs, elles sont utilisées par des hommes pour passer du bon temps. Ces travailleuses du sexe, déguisées ou déclarées, le font généralement pour régler des problèmes de pauvreté, mais encore, dans l'espoir de rencontrer un étranger qui puisse faciliter l'obtention d'un visa vers un pays développé.

Pourtant, dans l'agroalimentaire, des efforts économiques sont consentis par les États pour promouvoir le développement personnel des femmes. C'est quelque chose qu'il faut louer et encourager par la mise à portée de ces dernières de préparation adéquate et de moyens importants. Un grand nombre de produits finis fabriqués par les femmes attirent les touristes et les étrangers et ce commerce est légitime et sain.

Ce que l'on remarque, c'est que les groupements féminins sont très actifs ; des fruits, des légumes et matériaux comme la peau des moutons tués lors de la fête de la tabaski n'avaient pas été bien exploités, il y a de cela un peu plus d'une décennie. Ces dernières années, les dérivés du « bouye » et du « bissap », aliments qu'en Afrique on a toujours considérés comme des fruits et produits agricoles sauvages, du mil, du maïs sont travaillés et transformés par les femmes et exportées. Malheureusement, très souvent, la qualité laisse à désirer, car les procédés restent archaïques et très éprouvants.

III-3-COMBAT DU SEXE DIT « FAIBLE »

a-Activités rémunératrices de femmes

Partout dans le monde, on trouve des pauvres et plus de pauvres que de riches ; à part de rares exceptions comme le Canada, l'Australie, les Pays –Bas, la Suisse et certains pays arabes, les mendiants sont presque partout et on en trouve trop dans un pays comme le Sénégal où des femmes bien portantes, avec des enfants ou non, se trouvent le long des rues les plus fréquentées pour tendre la main et recevoir l'aumône. Elles en font un commerce sans investissement et à des endroits, elles sont organisées en associations qui accueillent les nouveaux arrivants et gèrent des cotisations : on dirait « des groupements d'intérêt pécuniaire ».

Toujours dans la rue, des lingères sont parfois aperçues autour de leurs bassines noires ou noirâtres, qu'elles ont choisies de couleur sombre pour camoufler la crasse accumulée ou bien qu'elles ont rendu sombre par l'usage. Dans les maisons, le nettoyage des habits est assuré par des femmes en séances hebdomadaires ou mensuelles selon les possibilités financières des uns et des autres. Il en résulte que les lingères qui dépensent beaucoup d'énergie et gagnent peu se rendent compte de cette situation qui ne joue pas en leur faveur. En plus de la perte de forces physiques, le gain s'amenuise à cause de la réduction du nombre de séances de lavage par les employeurs qui, eux non plus, n'ont pas beaucoup d'argent. Loin d'elles l'idée de désinfecter la place ou les ustensiles, l'essentiel pour celles qui lavent est de nettoyer le plus d'habits avec le minimum d'eau et de savon, car il n'est point question de santé.

Elles ont peut-être raison, ces femmes ; pour sortir de la pauvreté, chacune cherche à gagner plus et n'importe comment. Là-aussi, des hommes, en grand nombre des expatriés, prennent de plus en plus le relai des femmes en modernisant un peu. Ils exercent le métier de laveurs d'habits dans un local fixe et organisé en mini-entreprise, des sortes de blanchisseries de quartier dont les tarifs ne sont pas encore accessibles à la majorité des populations. En fait, il n'existe aucun contrôle sur la qualité, l'hygiène ou les conditions de travail. On ne sait pas d'où vient l'eau, des mesures minimales de sécurité restent à être assurées ; en cas d'incendie par exemple, on ne voit ni extincteur ni issue de secours.

Chez les femmes comme chez les hommes en Afrique et dans d'autres pays pauvres, le plus souvent, les déchets et les eaux usées sont déversés dans le voisinage sans qu'on ne se soucie de questions environnementales. Au Sénégal, la propreté, l'encombrement de la rue ou du trottoir, l'action des produits sur les personnes ne sont pas considérés. Ces mêmes lingères sont aussi pileuses, elles pilent surtout du mil et il arrive qu'elles le transforment en couscous qu'elles vont vendre dans des quartiers moins pauvres, à des femmes qui garent de belles voitures qu'elles ne daignent pas quitter pour faire courir la vendeuse qui échange avec elles un paquet ou un sachet de couscous, ou ''*thiakry*'' contre de l'argent à travers une vitre.

Encore la rue, qui fait honte à toutes les femmes qui y réfléchissent : des femmes, surtout des jeunes filles, tendent des bouteilles et des sachets, ces maudits sachets d'eau qui donnent l'occasion aux hommes souvent incorrects d'aborder des sœurs et des mères dans le mauvais sens. Ce sont encore elles qui, pour gagner leur vie à la sueur de leur front, s'exposent à des dangers de toutes sortes pour parler aux chauffeurs des transports en commun au milieu de la chaussée. Pourtant des mécaniciennes se sont manifestées tout comme des femmes chauffeurs de taxi er ramasseuses d'ordures en Afrique, avec succès.

Dans les gares routières, la vente de petits sachets et tasses de café dont on ignore le lieu et les conditions de fabrication est aussi l'œuvre des femmes. Il arrive que toute une famille, la mère, la fille et la petite-fille soient dans les environs pour les mêmes tâches et on peut aussi y rencontrer un mari ou un fils appartenant à la même famille que ces dames.

Dans les restaurants appelés gargotes, des femmes essayent de gagner leur vie en faisant une cuisine souvent sans aucune norme d'hygiène, sans se soucier de leur sécurité ni de celle des clients. Une grosse marmite noircie par des années de bouillonnement sur le feu, semblable à l'écumoire et au couscoussier qui vont avec, fait les bonnes sauces tant appréciées par les travailleurs des usines et des ateliers de réparation. On aperçoit en général un rideau jamais lavé, accroché depuis Mathusalem, qui sert de paravent. Le fait de pousser ces rideaux a amené les habitués de ces endroits à appeler la fréquentation de ces restaurants « Mbeek Rideau », en wolof : un coup de tête sur le rideau. Parfois, des incendies se déclarent dans ces lieux et cela peut être dangereux, mais pratiquer le métier de restauratrice vaut mieux que se prostituer, parce qu'on garde sa dignité de femme.

Les travailleuses de nuit, comme on les désigne, sont ces femmes qui ont choisi de marchander leur corps, à leurs risques et périls, et dans le milieu des femmes, il y en a qui argumentent en leur faveur, en soutenant que seule cette voie leur permet de vivre. Une question pourrait être posée cependant : « Est-ce que la prostitution est un dernier recours ? » On a aussi envie de se demander s'il n'est pas plus aisé de vendre des arachides, des fruits et des légumes, de la nourriture avec le peu d'argent dont on dispose, et ce, pendant qu'il fait jour, en toute sécurité et surtout sans embarras. Assurément, le capital fructifiera lentement mais sainement, sans honte ni regret.

Rien n'est plus tentant pour une femme que de rentrer d'un travail correct, de se laver et de dormir dans son lit.

L'argent gagné dans ce genre d'activités, même si la somme est modique, s'acquiert dans la dignité et la bonne conscience. Sans oublier les maladies sexuellement transmissibles, la prostituée a souvent affaire à des hommes de mauvaises mœurs, des névrosés, des dépravés, des drogués et des bandits ; par conséquent le danger plane en permanence sur la tête de cette dernière. De plus, le regard des voisins, des familles et des connaissances crée une gêne que l'on peut rejeter ou transformer en révolte, mais récidiviste qu'elle est, elle reste latente pour ensuite s'enfouir dans l'esprit et le cœur de la « victime ». La personne indexée ou soupçonnée se fâche et insulte ou simplement se cache derrière les rideaux des fenêtres ou les lunettes et les foulards à l'extérieur.

Pour le moment, des perturbations géographiques et sociales ont lieu, on déplore les émigrations non contrôlées, qui provoquent la mort sur les embarcations de fortune et l'infiltration de terroristes, de vendeurs de drogue et de malfaiteurs de tous genres dans les villes et villages où l'on ne dort plus que d'un seul œil. Dans le futur, on pourrait assister à l'accentuation de ces faits négatifs par rapport au progrès local et international, du côté économique comme humain. Cela a déjà commencé et ce phénomène est exacerbé par celui des refugiés environnementaux. Des décennies plus tôt, le terme nomade ne s'appliquait qu'à une minorité de personnes qui étaient libres et y trouvaient leur compte ; cette nouvelle forme s'exprime sous la contrainte socioéconomique et écologique, et donc il nous faut agir vite pour qu'elle ne s'internationalise.

Un autre point non négligeable est la pauvreté qui, bien qu'on parle de sa réduction, va augmentant. Des conflits territoriaux sur les richesses minières et halieutiques et aussi locaux comme l'accaparement des terres et les fonctions étatiques ne sont pas près de s'estomper. En outre, on remarque des changements opposés dans les cycles naturels des pluies et du climat, la sécheresse et la hausse des températures s'opposent aux inondations et aux orages, le tout agissant négativement sur la vie, surtout celle de la femme.

La vendeuse ambulante procède au porte-à-porte pour écouler sa marchandise, avec tous les risques que cela comporte. Il n'y a pas que d'honnêtes gens dans tous les foyers. Il peut arriver qu'on vous frappe au visage dès que l'on entrouvre la porte. L'accueil chaleureux peut tout de même cacher de mauvaises intentions, notamment le vol et le viol, sans exclure les accusations de larcin ou de provocation de mari. Des femmes sont employées comme courtières ou démarcheuses commerciales sous le soleil brûlant ou sous la pluie, et même balayées par des vents à grande vitesse. En retour, les commerçants propriétaires ne leur offrent qu'une infime somme pour commission.

Parmi les entrepreneures marcheuses ou ambulantes, la poissonnière subit une combinaison de souffrances. En plus de la puanteur de son produit, elle se plaint de la marche, ayant été debout depuis les aurores, elle ne rentre chez elle qu'après épuisement de son stock si elle ne dispose pas de congélateur, ce qui semble être un luxe pour la plupart. Aucune règle ne régit ce genre de transaction déloyale et impitoyable. En vérité, ces vendeuses se payent le poisson en contractant des dettes dans leur entourage ou auprès de leur fournisseur qui leur fixe des conditions drastiques.

Le plus dur pour ces débrouillardes réside dans le regard de la société qui ne les voit que comme poissonnières, comparées à la caissière bien nippée dans une banque où toutes les salles sont climatisées et où les meubles sont dernier cri. Pour ce qui concerne la vie conjugale, le mari intolérant se plaint de la forte puanteur du poisson qui, dans son imagination, se fait sentir dans le corps de sa femme lavé et parfumé après les heures de travail et de lassitude.

Toutes les femmes devraient inspirer le respect, sans considération de poste ou de statut .Elles se déploient sur une vaste gamme de fonctions, formelles ou non : enseignante, infirmière, prostituée, médecin, secrétaire, employée de banque, employée de maison, lingère dans la rue, et dans les maisons, pileuse de céréales, ''tabliére'' dans la rue pour désigner celle qui pose ses marchandises sur une petite table ou planche, vendeuse au marché, etc. La poissonnière ambulante se plaint de mal de dos, de cou, de reins et des pieds, du fait du poids sur la tête et du nombre de kilomètres parcourus en 3 ou 4 heures par jour, six fois dans la semaine, sauf en cas d'empêchement. Le manque de considération des autres femmes, l'attitude indifférente de quelques clientes qui n'hésitent pas à payer des prix indécents, calqués sur l'état d'épuisement et de besoin de la vendeuse, tout cela est choquant et révoltant. D'autres femmes prennent le poisson à crédit ; le remboursement se fait selon une échéance inédite, à leur guise, obligeant la propriétaire à effectuer des déplacements innombrables à travers les quartiers. Un bon nombre de femmes ne payent pas du tout, faute d'argent ou par absence d'empathie ou de respect.

b- Le travail domestique

Il y a plus d'une décennie, la majorité des femmes africaines cuisinaient au bois. Une minorité se servait du charbon et une infime partie connaissait le gaz. De nos jours, on se targue des bienfaits de la mondialisation, on note des progrès dans le fait qu'un plus grand nombre accède au gaz domestique. Ce moyen très pratique de se procurer le feu qui assure la préparation de la nourriture est comme un don du ciel, comparé aux aspects rudimentaires des outils de cuisine d'antan. On ne saurait nier la rapidité et les facilités de réalisation offertes à travers le gaz aux femmes ainsi qu'aux hommes, en ce qui concerne les ménages.

Autant l'utilisation du gaz présente des avantages énormes, autant nous sommes au regret de le faire du fait des risques. On ne sait trop de quoi ce gaz est fait et les utilisateurs n'ont pas d'informations sur les éléments qui le constituent ou les effets secondaires. Après avoir remarqué son caractère nuisible, certaines familles refusent de l'acheter et vont même jusqu'à le refuser à leur locataire. Leur explication est simple : elles soutiennent qu'elles ont vécu les méfaits de ce produit, de l'asphyxie à l'incendie qui mène souvent à des drames. On pourrait leur rétorquer que le risque zéro n'existe pas et qu'il importe de prendre ses précautions. Le non-respect des règles d'utilisation fait aussi partie des causes de désagréments.

Quoiqu'il en soit, on ne peut pas se passer des combustibles comme le gaz en Afrique ; peut-être devrait-on chercher mieux, parce que le bois mort et ces pratiques de destruction des arbres et de création de fumée, source de pollution, n'ont aucune chance de revenir en force et ce, pour plusieurs raisons. La déforestation, ses effets inouïs comme la sécheresse et le réchauffement climatique sont loin d'encourager de telles habitudes. Les États ont voté des lois contre les trafiquants et il est plutôt question de reboiser en faisant travailler davantage les gardes-forestiers. Le peu de bois ou charbon qui échappe au contrôle des autorités étatiques et des environnementalistes coûte trop cher par rapport à la bourse de beaucoup de femmes. L'usage de ces sources d'énergie comme le bois et ses dérivés est dur, demande trop de temps et de force physique, car il faut allumer le feu et l'attiser de façon permanente.

Enfin, l'effet des substances dégagées par la fumée est souvent néfaste pour les femmes qui emploient le charbon de bois pendant de longues périodes .Elles deviennent sujettes à des maladies pulmonaires et souffrent souvent des yeux devenus rougeâtres. Ainsi, on en vient à se demander si, pour la femme qui reste autour de ses casseroles, il existe une pratique noble qui lui garantit le maximum de sécurité et de confort.

Il ne viendra point à une femme l'idée de laisser quelqu'un accéder à un endroit de la demeure qui exige l'hygiène et la propreté dans certaines sociétés. La raison est simple : ces petits coins sont parfois mal entretenus ou ne le sont pas du tout dans bien des cas, et d'autres femmes s'excuseront avant de vous y introduire. De même, la poubelle et ses alentours sont parfois conçus comme devant rester sales puisqu'ils contiennent ce qui n'est plus propre ou utile. La tendance est à l'utilisation de désinfectants en ces temps-ci, avec tous les risques possibles pour la santé.

L'usage de détergents tels que l'eau de javel et certains savons liquides de fabrication douteuse peuvent être nuisible à la santé de la femme .Celle que l'on appelle femme de ménage ne dispose souvent ni de gants, ni de masque pour le visage afin de se protéger les yeux, le nez et la bouche. Elle inhale les gaz et autres toxicités à longueur de journée sans le savoir. Les mains, qui demeurent calleuses, représentent un moindre mal devant les dangers tels que le cancer. Une des mesures à prendre est la formation de sa propre protection dans la manipulation des produits dangereux, mais faudrait-il encore le savoir.

c- L'art culinaire

Généralement, la cuisine domestique est l'œuvre de la femme comme mère ou sœur dans l'ensemble des cultures. D'un autre côté, la cuisine professionnelle a souvent été réservée aux hommes et c'est pourquoi le terme de « cuisinier » est le plus usité. Une telle tendance pourrait se justifier tout simplement par la force physique que le travail de cuisinier requiert.

Néanmoins, avec la rareté de l'emploi et la diversification des filières professionnelles, les hommes et les femmes étudient l'art culinaire. On ne saurait oublier que dans nos représentations collectives, particulièrement en Afrique, la cuisine appartient à la femme, maîtresse de maison à qui incombe le rôle de nourrir la famille, concrètement. Dans le domaine professionnel, les chefs sont plus nombreux et ferment la porte à beaucoup de femmes. Ces mêmes hommes étaient à l'origine formés par des femmes appelées « mères » majoritairement en France.

Un facteur non négligeable a amoindri la cuisine féminine : c'est la hiérarchisation dans les rôles sociaux ; les familles et les femmes ont voulu inventer des carrières autres que domestiques pour les filles et ce phénomène les a éloignées des casseroles. Ainsi, le travail de cuisinier, fût-il professionnel ou non, n'attire pas des personnes de sexe féminin, qui à ce moment précis ont décidé de s'émanciper, de s'affirmer en partant des cadres habituels, et c'est pratiquement l'avis de Patricia Marie, docteur en sociologie (Patricia Marie 2004).

La cuisine a toujours été une arme pour la femme dans le couple et elle a intérêt à ne pas perdre ses astuces. C'est une occasion rêvée pour bien des femmes de démontrer à leur mari qu'il existe des choses qu'elles seules peuvent réaliser. Elles profitent de telles occasions pour exposer leur savoir – faire, leur capacité à faire plaisir, à retenir leur conjoint à la maison et même à le dominer. C'est là que les coépouses rivalisent en général, et la meilleure cuisinière est respectée non seulement par l'époux, mais par toute la belle-famille. Lors des cérémonies, des groupes de belles-sœurs et belles-cousines inventent des chansons et dansent devant celle qui sert de bon repas pour lui faire des éloges et rendre les autres jalouses.

En revanche, la femme qui ne fait pas la cuisine ou qui la fait mal reçoit des flèches sous forme de proverbes et dictons. Très souvent, on fait allusion à elle en empruntant le nom d'une autre cousine et toutes celles qui écoutent comprennent. Il ne faut pas non plus perdre de vue l'aspect fédérateur d'un plat succulent qui réunit la grande famille, quelques amis et même des voisins en Afrique. Présentement, les femmes rejoignent les hommes dans leurs champs traditionnels d'activités de subsistance. On peut dire que le phénomène ne s'est pas déroulé de façon spontanée, cependant, on doit le considérer comme une plus-value. Les créneaux habituels étant saturés, il a fallu en inventer d'autres à partir de l'existant.

Des hommes ont commencé à servir d'aide aux femmes qui, de tout temps, ont assuré la cuisine et la gestion des repas lors de grandes manifestations au Sénégal, par exemple. Petit à petit, ces cuisinières, informellement professionnelles, ont vu leur corps de métier vieillir ou s'affaiblir. Parmi les causes de cette sorte de déclin, l'usage excessif de la force physique qui a aussi supporté les maternités, les maris indélicats et les désobligeantes belles-familles.

Graduellement, la transition fut vite trouvée par ces hommes qui assistaient à la préparation de la nourriture en soulevant de grosses marmites et des sacs de condiments, bref, tout ce qui est lourd. Ce sont eux qui lavent la vaisselle, accompagnent les femmes au marché ou font eux-mêmes les courses. Ils sont arrivés à aimer le travail, à l'apprendre et à le faire plus vite et de façon plus organisée que les femmes. D'ailleurs, il n'est pas rare de voir des femmes exprimer leur préférence pour ces cuisiniers plutôt que pour celles qui exercent encore le métier. L'explication se révèle être le manque d'efficacité mais surtout le gaspillage et même le vol de denrées qui devraient rendre le repas meilleur en qualité et en quantité.

D'ailleurs, les femmes se tournent de plus en plus vers des secteurs plus adaptés à leur physique, principalement le commerce, la transformation des produits agricoles et halieutiques. Pendant ce temps, les cuisiniers se formalisent lentement en se regroupant entre employeurs et employés. Réunis dans un local en plein air, histoire de ne pas être redevable de loyer, ils entassent le matériel quelque part et affichent des numéros de téléphone dans les lieux publics à partir desquels ils sont régulièrement contactés par des clients.

En campagne, lorsque les femmes disposent de beaucoup d'espace, elles cultivent les champs, transforment des produits, ce qui est déjà formidable, mais surtout exigeant beaucoup d'efforts. Ces initiatives sont payantes et pourraient mener à l'entreprenariat. Néanmoins, l'exploitation de ces terres devrait être maximisée par la plantation d'arbres fruitiers adaptés à la zone, le maraîchage, des aires d'éducation et de jeux pour les enfants, les groupements de personnes et les conseils de quartiers ou de village. C'est sûr que d'aucuns évoqueront la question des moyens, mais avec une connaissance bien orientée de son environnement, chacun peut participer à la création de ses propres moyens au plan local. Logiquement, là où des arbres poussent, des fleurs peuvent y être plantées et cela ne fera que rendre la place plus agréable.

CHAPITRE IV

LA GESTION DES RELATIONS DANS LE GENRE

Au plan humain comme au plan environnemental, il existe des lois naturelles à ne pas outrepasser. Bien sûr l'évolution représente l'une des missions de l'Homme sur terre, mais l'expérience a montré que, chaque fois que l'on a voulu « dénaturer la nature », elle s'est rebellée ; il n'est point besoin de chercher très loin pour trouver des exemples, la destruction de l'environnement par les excès des uns et des autres en est la meilleure illustration.

IV-1- INTERACTIONS INÉVITABLES

Nul doute que le genre se compose d'hommes et de femmes qui sont condamnés à agir et à vivre en corrélation. Quelles que soient les circonstances, il faut rendre les relations viables, sinon c'est toute la société qui en pâtit.

a- Les rapports entre hommes et femmes

Des femmes utilisent le combat écologique et la protection des autres femmes pour renforcer leur groupe homosexuel, en se faisant connaître et accepter dans les réseaux sociaux. Ces moyens technologiques devraient aussi permettre à celles qui croient à l'union homme/femme de leur apporter la résistance en mettant au-devant les valeurs familiales, la sacralité de l'époux, de l'épouse, de l'enfant, du genre masculin et féminin différents physiquement, sexuellement complémentaires et reproducteurs de vie. Le concept d'écologie masculine devrait s'appliquer en synergie avec l'écoféminisme dans le but de conjuguer les aspirations, les compétences et les spécificités naturelles et socioculturelles telles que l'apparence physique, la procréation et la distribution des rôles.

Certes, la femme doit jouir de la liberté de disposer de son corps, mais pas dans un libertinage qui, dans le long terme, détruit les valeurs familiales et ôte à toute femme sa stature dans la société, son trône, et sa préciosité presque intouchable. Toute forme de banalisation de la sexualité est à refuser ainsi que les rapports sexuels tous azimuts, n'importe où, n'importe comment avec tout être humain. Cette banalisation va sûrement évoluer, si elle ne l'est pas devenue, vers l'acte sexuel avec les animaux. La femme se doit de valoriser son corps en le rendant cher, en raréfiant le contact physique et en le limitant au partenaire naturel qui est l'homme uniquement et le conjoint, de préférence ; selon les croyances, certaines religions comme l'islam interdisent les rapports hors mariage.

Nous devons bien sûr tolérer les différences, mais nous n'avons pas le droit de jeter la poudre aux yeux des autres. Il s'agit bien sûr de différences non nuisibles à la société, du devenir de valeurs humaines pérennes comme la procréation naturelle et le droit de l'enfant de grandir avec un père homme et une mère femme. Il n'existe pas de plus grand mensonge, de plus grave malhonnêteté que de vouloir faire croire à une petite fille ou à un petit garçon qu'il est possible qu'une femme soit son père ou qu'un homme soit sa mère. C'est comme une insulte au genre et une trahison envers l'enfant. Si des enfants qui sont élevés par des couples homosexuels acceptent l'état des faits jusqu'à un certain âge, ne doutons pas qu'un jour certains d'entre eux se rendront compte de la supercherie et se révolteront avec aspérité.

Il y a lieu de récuser l'idée de Jean-Claude Cartier selon laquelle des femmes ont raison de renier leur féminité pour se masculiniser afin de participer à l'économie. D'autre part, l'écologie est considérée comme féministe par opposition à l'économie qui semble être l'apanage des hommes. Tout cela paraît stigmatiser l'homme et la femme, et cette dernière y a senti une relégation au second plan, une discrimination négative. Loin de cultiver le face à face de deux camps, on pourrait inviter à la mutualisation des idées et des capacités du genre, sans sauter par-dessus les barrières des spécificités indéniables et récidivistes, ce que nous sommes, le naturel, revient au galop quand on le chasse ; ne perdons pas de l'énergie à nous y essayer.

Il serait peut-être dangereux de faire croire que l'homme peut prendre la place de la femme et vice versa; c'est une illusion à caractère physique et social. Quelles que soient nos convictions, la réalité palpable, vérifiable, vérifiée, est que nous ne sommes pas semblables. Pour faire sortir et germer les valeurs féminines, il n'est point besoin de se battre contre les valeurs masculines, mais il faut les analyser et en tirer le meilleur profit dans une synergie avec des valeurs féminines positives nullement contre nature. Pourquoi ne pas revenir à ce qui se faisait à l'origine, où l'économie se trouvait entre les mains des femmes, où l'accent était mis sur l'agriculture pour faire fonctionner la maison, assurer la nourriture et échanger le surplus de récolte contre d'autres produits. Ce règne du matriarcat fut remplacé par l'utilisation de l'argent qui donna naissance à des hommes riches, des bourgeois, au détriment des femmes gestionnaires.

C'est la sédentarisation de la femme qui l'a affaiblie tandis que l'homme développait ses terres, ses partenaires, ses ventes, pour ne pas dire son économie et donc son pouvoir. Se sentant lésées, des femmes se sont engagées à concrétiser leurs actions avec leurs sœurs vers les années 1960 dans des associations et des mouvements. Génial, dira-t-on, mais le féminisme a fait l'objet d'influences et d'objectifs biaisés, d'où sa pratique d'exclusion et de satisfaction d'intérêt de quelques groupes dans la marche de la société.

Des avancées ont été notées suite à cette révolution qu'est le féminisme, la création de ministères de l'Environnement a été la conséquence du travail de l'association Greenpeace par exemple, et aussi d'écrits tels que *La vie en vert*, par Alain Manu Mani, 1992, et *Viol et violeurs* de Bernard Billon, 1984.

Lorsque les femmes seront convaincues que c'est avec les hommes que les révolutions réussiront, l'équité sera à son sommet. Sur ce plan, la femme qui vit en Occident avance à une plus grande vitesse que celle des pays où vivent des croyants intégristes organisés, eux qui, contrairement à des hommes d'autres endroits du monde, n'acceptent pas facilement de partager les tâches ménagères et surtout sociales avec les femmes. L'intérêt du renforcement de la présence féminine est facteur de paix, de mieux vivre, parce que la prise en charge de l'écologie prend le pas sur la guerre et les démonstrations de force. Cette sorte de revanche du féminin sur le masculin ne s'effectue pas sans poser de problème ; les relations entre couples sont de temps en temps heurtées et des cas de maladies mentales, des visites chez les psychologues et les psychiatres se multiplient.

Le problème de l'égalité homme–femme est difficilement solvable en matière d'écologie du fait des droits à la prostitution pour les femmes que beaucoup d'hommes écologistes rejettent. C'est pourquoi en 2012, lors du vote sur l'égalité au Parlement européen, on a enregistré 87 abstentions et 298 voix contre, 289 voix pour. Si, pour certains, la précarité de l'emploi et la stigmatisation liée au sexe jouent en défaveur de la femme pour justifier la prostitution, pour d'autres, c'est plutôt une raison supplémentaire de ne pas courir plus de risques en leur offrant plus de possibilités de se développer. Par ce biais, la prostitution, selon le plus grand nombre de personnes, n'est pas un travail pour lequel on doit revendiquer des droits, mais plutôt une facette des violences subies par des femmes, fussent-elles consentantes.

A cet effet, il convient de se demander ce que les femmes veulent réellement, peut-être se prostituer, c'est-à-dire se laisser exploiter physiquement, moralement et socialement par les hommes ? En acceptant d'être une ressource renouvelable pour tout homme qui a de l'argent et qui vous passe comme dans un jeu de ballon à celui qui suit, ces dernières devraient davantage réfléchir. Où sont l'égalité, le respect, le partage des responsabilités et des rôles qu'elles réclament ? De plus, quel legs une prostituée va-t-elle laisser à sa fille, mais surtout à son fils, si toutefois ses activités sexuelles et ses préservatifs lui en laissent la possibilité d'en avoir? Y-a-t-il de l'éthique dans une activité rémunératrice qui vous oblige à baisser les yeux devant vos enfants, vos frères? Comment allez-vous annoncer à votre famille la fonction que vous exercez dans la société si vous êtes une prostituée?

L'esclavage sexuel se résume à la transformation des femmes issues de milieux défavorisés et de la migration en marchandise pour les hommes majoritairement riches et aussi de plus en plus par des femmes riches, des lesbiennes. Une autre catégorie qui gagne dans le commerce humain très lucratif, ce sont les proxénètes. Ces bandits font tout pour infiltrer tous les milieux et, en particulier, ils visent celui du tourisme haut de gamme, une manière de blanchir de l'argent qui est aussi sale que celui qui provient de la drogue.

Sur un autre tableau, à l'école, les garçons sont plus actifs et plus épanouis que les filles, en s'amusant, en bougeant et en s'approchant des enseignants et de l'administration beaucoup plus. En classe pour les disciplines scientifiques, l'enseignant interroge plus les garçons et leur confie plus de tâches. Dans le quartier, c'est toujours le garçon qui sort, qui va aux nouvelles, qui détient donc l'information et qui prend part à la vie de la cité. La conséquence est que politiquement les femmes sont moins engagées, car moins confiantes, et avec raison. Dans les lieux de travail, puisque les garçons pensent que les filières de l'enseignement général sont au féminin, ils se tournent vers l'ingénierie et se professionnalisent plus rapidement. Ils vont après occuper les postes de production, alors que les filles terminent difficilement de longues études menant à des postes de service. Aussi revient–il aux décideurs et aux enseignants de combattre les violences sexistes à côté de la guerre contre les violences sexuelles, en pratiquant une éducation genre où l'enseignement en bas âge promeut des filles et des garçons, et où dans les universités, on recrute plus de femmes. Dans le sport, l'implication des femmes est à augmenter et à rendre qualitative.

Dans l'islam, en cas de décès du mari, la femme a droit à 1/8ème des biens laissés par celui-là. La raison est simple, on peut être pour ou contre, cette religion n'impose presque pas de charge économique aux femmes, ce sont les hommes qui ont le devoir de les entretenir, de les nourrir et de les loger en les protégeant de tout mal et de tous risques. De plus, les veuves sont supposées pouvoir se remarier. C'est aussi ce qui explique que dans une famille, le frère reçoit le double de l'héritage que perçoit sa sœur.

Sans risque de se tromper, quelques idées se dégagent des recherches menées sur la vie de différentes femmes à divers endroits, époques, âges et statuts. Beaucoup de similitudes existent entre celles que l'on considère, sans raison valable d'ailleurs, comme les « premières dames » du monde et celles que personne n'ose pas appeler les « dernières dames », mais qui sont traitées comme telles. D'une manière générale, toutes les femmes tiennent à leur homme, amant ou mari, malgré tous les défauts de ce dernier, maltraitance, indifférence, exploitation sexuelle, politique ou économique. Cela ne veut pas dire qu'on ne rencontre pas des hommes qui adorent et respectent les femmes ; le fait est que, malgré cet amour, un grand nombre de femmes se retrouvent négligées ou même oubliées par leur mari pour cause d'aventures. Les querelles finissent par détruire les relations et les ménages se gâtent par le conflit permanent ou tout juste la séparation. Dans de telles situations, ce qui sauve l'union du couple réside dans la polygamie où le jeu est clair : chaque membre est identifié et reconnu par tous dans beaucoup de communautés.

Il ne serait pas juste de considérer les hommes comme responsables du mal-être féminin, dans la mesure où c'est avec une autre femme que chacune est trompée. Certaines font de mauvais choix de partenaires en étant bien conscientes des conséquences, en se liant à un drogué, ou à un trafiquant, truand, vantard et roublard souvent pas stable économiquement, parce qu'il ne veut pas gagner sa vie à la sueur de son front. Assurément, vu les conditions précaires, la pauvreté, l'insécurité alimentaire, le manque de logement, la cherté des loyers, le nombre de divorces et de filles d'un âge avancé toujours célibataires, les hommes malhonnêtes profitent de cas pareils. Des femmes, par vice ou par avidité, pensent tirer leur épingle du jeu et finalement tombent dans leur propre piège pour ensuite détruire des vies. L'homme marié perd son épouse, la femme perd son conjoint, les enfants s'éloignent de l'un des parents et un vide se crée autour d'eux et de la personne qu'ils quittent. Si l'amante devient la nouvelle épouse, au fil du temps, tous les regrets du mari vont se transformer en courroux contre elle.

Alors, des espoirs sont déçus, et bienvenue à la dispersion, au manque d'affection et à l'échec social ; la recomposition de la famille ou d'une autre famille se fait dans des heurts et l'adaptation à de nouveaux modes de vie s'effectue dans la douleur et la résignation. De la même manière qu'on a intégré l'économie solidaire dans la globalisation, il serait utile que l'on créât la notion de relations féminines solidaires. Les femmes ne se rendent pas compte qu'en acceptant de voir un ménage s'effondrer de par leur implication voulue ou fortuite, elles deviennent les premières actrices de déstabilisation sociale, effet qui, à maintes reprises, s'est retourné contre elles.

Au cas où, pour des raisons multiples et parfois inexplicables, cette ingérence des femmes s'avèrerait inévitable, elles devraient s'efforcer de ne pas contribuer à la détérioration des liens matrimoniaux et familiaux déjà existants. Il leur incombe, dans de pareilles situations, de faire preuve d'empathie et d'éviter de jouer les usurpatrices et les dérobeuses. En agissant ainsi, elles peuvent traverser tous les obstacles, car il y en a, en prenant place avec souplesse auprès d'une sœur, pour partager son mari. Une telle démarche n'effacerait pas la jalousie qui est considérée comme un sentiment naturel, humain, mais l'amoindrirait. Une solidarité effective et non hypocrite entre femmes vaincrait tous ces méfaits. On y gagnerait en confiance en soi et en l'autre dans l'intérêt de la famille, en bien-être économique, mais surtout socio-affectif.

b- Femme, outil de malversations

De temps en temps, la presse ou bien des témoins font état de cas d'enlèvement de personnes où une femme sert à tromper, à kidnapper et même à tuer. Sachant qu'elle inspire confiance, compassion, mais aussi qu'elle attire, la femme est utilisée, parfois sans en être consciente. Elle est laissée au bord de la route dans une zone déserte et jugée dangereuse par des malfrats qui, après l'avoir malmenée, s'empressent de s'évader. Cette dernière, abandonnée à son sort, se met à la recherche de la première personne apte à lui venir en aide. Comme le secours espéré peut se transformer en un autre cauchemar, un risque en cache probablement un autre. De même, le trafic de drogue voit des femmes jouer des rôles importants dans la dissimulation, la vente et la consommation.

On se demande pourquoi quelqu'un, une femme de surcroît, accepte de se salir ainsi et les raisons paraissent diverses. La principale cause est le besoin économique, pour ne pas dire l'argent, et le matériel mobilier et immobilier. Un deuxième facteur est le manque d'éducation au sein des familles, dans le cadre de l'école formelle ou informelle. Une troisième composante, peut-être, c'est l'amour que l'on voue à son homme qui peut user de toutes ses capacités, n'excluant pas le chantage, pour convaincre la femme de lui obéir et ceci est sans doute de l'esclavage sexuel.

Des hommes politiques accèdent au pouvoir en s'appuyant sur des femmes à qui ils promettent des financements pour leurs projets, des voyages et, en période d'élection des postes de responsabilités. Rarement tenues, la plupart des promesses sont annulées ou se retrouvent rétrécies comme peau de chagrin en se résumant à des billets de transports, à des repas copieux accompagnés de tam-tam, de chants, de danse, bref de folklore. Dans le cas du Sénégal, des avancées ont été notées dans la hiérarchisation et la reconnaissance du genre, mais toujours, l'accès au pouvoir et aux postes importants se passe sans èquité.

Seules les femmes qui se seront rapprochées des partis au pouvoir verront leur valorisation prendre effet. Les personnes apolitiques, quel que soit leur mérite, restent aux oubliettes. Les artistes femmes sont sollicitées lors des campagnes électorales pour l'animation des meetings, une infime partie d'entre elles, si ce n'est une seule personne, est par la suite retenue par le ou les gagnants qui cherchent à se donner un nom et une lignée plus importante que celle des autres, en demandant qu'on loue les exploits, même inexistants, de leurs ancêtres.

IV-2- Puissance paternelle, puissance familiale – Infanticide au féminin

Nul ne saurait nier la protection accrue de la femme par le code de la famille de beaucoup de pays. Cependant, vu que des femmes en abusent en provoquant leur divorce, des hommes bien ou mal intentionnés combattent plusieurs dispositions dudit code.

a- Puissance paternelle et puissance familiale

On entend parler de puissance paternelle et il y a lieu de se demander si la mère n'a ni compétence ni prérogative. Avec l'avènement du concept de genre du fait de la globalisation, la situation de la femme revient pour s'inviter dans les débats lors des rencontres nationales et internationales ; cela représente une avancée, bien que les décisions retenues ne soient pas mises en œuvre par la majorité des pays et des entités. Pour confirmation, les termes égalité, équité et parité sont répétés à tort et à travers, souvent galvaudés et parfois prononcés pour la fiabilité du discours. En outre, pratiquement, en dehors des facteurs culturels qui provoquent chez des gens le rejet de la planification des grossesses, beaucoup de femmes espacent leurs grossesses et réduisent le nombre d'enfants. La question reste d'actualité et le débat est toujours en cours puisque chez certaines femmes, la contraception a laissé malheureusement des séquelles.

Ce phénomène ajoute de l'eau au moulin des partisans de l'anti-contraception et ils en profitent pour valider leur position. Une révision des méthodes d'espacement et de protection des femmes en âge de procréation s'impose d'autant plus que la démographie galopante n'est pas pour diminuer la pauvreté. Les problèmes de scolarisation et d'accès aux soins médicaux pour tous tels que portés au Sénégal par le « slogan couverture maladie universelle » sont loin d'être réglés. Si nous voulons nous battre contre l'exclusion sociale, nous devons nous évertuer à contrôler la démographie afin d'assurer la sécurité sociale et morale des enfants. Dès lors, tout le bien–être tourne autour de celui de la femme qui se confirme de façon naturelle comme la matrice de la vie.

Le terme *femina* veut dire femme en latin, le féminisme revient à renforcer la femme face à son vis-à-vis qui est l'homme. Il s'agit, en quelque sorte, d'un mouvement radical qui tend à améliorer la situation sociale de la femme. Ce qu'on pourrait regretter, c'est une sorte de détournement d'objectifs ou des dérives telles que le développement de l'homosexualité féminine en troisième sexe depuis le XIXème siècle. Le lesbianisme provient de l'île grecque de Lesbos où vivait la déesse Sappho qui était attirée par les jeunes filles. La lesbienne ou gouine est une femme qui cultive un amour affectif et charnel avec d'autres femmes. Cette forme de relation homosexuelle a été engendrée par le fait qu'en Grèce antique, les femmes et les hommes vivaient séparément.

La centralité et l'essence de la femme représentent des conditions idoines pour donner la vie et créer les conditions d'une bonne éducation des enfants qui vont constituer les populations qui englobent les chefs d'État, les médecins, les enseignants, les juges, les éboueurs, les commerçants, les malades mentaux, mais aussi les délinquants et les prostituées. Tout revient à dire que si la société veut aller loin, vite et sans embûches, la femme est le meilleur véhicule qu'il faut construire et entretenir, et l'on pourrait ajouter : « Si femme va, tout va ». Certes, quand on parle d'autorité parentale, on remarque que le mot « parent » implique le père et la mère.

Cependant dans la réalité, l'idée renvoie à la puissance du père qui est l'unique décideur en ce qui concerne l'enfant encore mineur. La mère qui joue réellement le rôle d'actrice principale indispensable est reléguée au dernier plan, car la sœur du père a plus d'influence sur l'enfant que sa mère biologique et naturelle dans beaucoup de nos sociétés. Cette autorité conférée au père se résume fréquemment à des cris et à des excès de colère qualifiant les enfants non brillants dans les études ou déviants de fils ou filles de leur mère. Des cas d'exception existent sûrement, mais dans la culture négro-africaine, le père ne souffre ni de ses défauts, ni de ceux de sa progéniture au vu de la société. On se penche rarement sur son comportement, ses devoirs, alors que la femme est comptable de tout ce qui ne marche pas dans la famille et c'est elle qu'on considère comme porteuse de guigne si la malchance persiste.

Si, alors, la réussite sociale se manifeste du côté des enfants, habituellement la femme préfère que son mari profite en premier lieu des retombées financières et sociales avant d'en tirer une quelconque satisfaction ou un bénéfice. Indûment, l'homme jubile et, paradoxalement, la femme y retrouve toute sa fierté et sa reconduction dans ses droits de tous genres, sociaux, familiaux et conjugaux. Incroyable, dira-t-on, mais des femmes ne rêvent que de vivre de telles situations pour s'en glorifier. Peut-être ont-elles raison, n'ayant pas le choix de réfuter l'injustice qui découle du patriarcat qui a des origines socioreligieuses. Traditionnellement, dans l'imaginaire collectif, la femme qui se rebelle verra ses enfants échouer dans la société. En plus maintenant du risque d'avoir une coépouse choisie par l'homme, une femme peut arriver dans une famille, désirée ou non par le mari, mais simplement parce que les membres de la famille ou de la communauté ont la latitude d'offrir à un proche une épouse à tout moment.

La réaction féminine face à ces travers se révèle souvent négative parce qu'elle se passe à l'intérieur des maisons et fait souffrir l'intéressée en silence, ou bien elle est mal exprimée, se rapprochant du slogan d'Anarcha Group « *No God-No Boss-NoHusband* » pour « exclure Dieu, le Patron et le Mari ». Ce mouvement féminin anarchiste date des années 1890 en Espagne et en Angleterre. Malheureusement, les conséquences de ce genre d'idéologie se font sentir de nos jours dans la société dans son entièreté. Des comportements jusqu'à présent inouïs sont observés aussi bien chez les hommes que chez les femmes ; les plus âgés sans ou avec conjoint essayent de leurrer les plus jeunes et vice versa, pour la satisfaction de besoins sexuels et économiques.

Généralement, de vieilles personnes venant des pays plus nantis, d'Occident le plus souvent, s'offrent les services sexuels de jeunes Africains et Africaines et aussi des ressortissants de pays pauvres. Ces derniers, bien qu'étant conscients de ce mal moral et socioculturel, sans considérer la fin incertaine et risquée qui se traduit en séparation brutale et en maladies sexuellement transmissibles, se laissent enrôler. Ils et elles acceptent toutes les conditions, l'essentiel pour eux étant de sortir de la pauvreté et de leur pays d'origine. En simulant un mariage auquel ils ne croient pas devant les autorités consulaires, ces mariés ou fiancés obtiennent le visa et partent très souvent à l'étranger, à l'aventure. Ces agissements, il faut le dire, posent la question de la différence exagérée d'âge et de génération et, de surcroît, favorise l'homosexualité dans les deux sens pour les deux sexes.

Quand une jeune personne âgée de 20 à 30 ans épouse ou prend comme compagnon quelqu'un qui a plus de 70 ans qu'il vient de rencontrer dans un restaurant ou à la plage, il y a problème. Ces faits de société portent préjudice à nos pays, car la jeunesse représente notre richesse, ce qu'il y a de plus cher et de plus prometteur, c'est la force vive, l'espoir et le futur. Contre tout ce mal, il faut agir ; un travail d'éducation et de sensibilisation s'impose comme un devoir aux parents, aux enseignants, aux dirigeants temporels et spirituels vrais et honnêtes, puisque ce dernier type de citoyens est maintenant devenu une puissance.

On a tendance à négliger le micro-entreprenariat de la femme qui achète un carton de mangues ou d'une autre production locale. Après avoir tout écoulé, elle rembourse, car ce petit commerce débute en général à partir d'un emprunt, c'est alors le peu de bénéfice réalisé qui finance les marchandises qui suivent et ainsi de suite. Avait-elle été formée à lire, à écrire, à calculer et à établir des factures, elle aurait développé son entreprise, ne fût-ce que dans sa propre communauté. Ensuite, cette micro-entrepreneure, une fois qu'elle se serait rendu compte de la progression de ses affaires, chose qui est certainement due à son ingéniosité, serait encore plus motivée pour percer les autres communautés. Assurément, des emplois seraient créés par nécessité et d'autres secteurs en auraient profité, tels que le transport, la restauration et surtout l'agriculture. Ce genre d'activités décrites plus haut a l'avantage de participer avec célérité au développement local et de fixer les ruraux chez eux en permettant d'éviter l'exode et la surpopulation des villes. Lorsqu'on sait qu'une trop forte concentration des personnes participe de la propagation des maladies et du vice, tout ce qui pourrait l'empêcher est à exploiter.

L'adage dit banalement qu'à quelque chose malheur est bon et cela se justifie dans les effets de la pauvreté chez une frange de femmes. De nouvelles formes de métiers sont nées, même si elles exigent une modernisation pour plus d'efficacité et de rentabilité. L'écailleuse de poisson passe la journée au marché auprès de la vendeuse ; chaque acheteur dudit produit est interpellé et dans 50 % des cas, elle accepte de faire nettoyer son poisson par l'écailleuse, moyennant une somme non négligeable. Chaque ménagère connaît les vicissitudes du lavage du poisson, les piqûres subies aux mains du fait des arêtes et de la forte odeur qui ne disparaît qu'après des heures. Ceci, pour simplement essayer d'expliquer que la travailleuse dans ce secteur a besoin d'outils modernes pour être plus performante, vu son utilité sociale, car le poisson, bien que cher, demeure une consommation locale et régionale, voire mondiale.

Pourquoi ne pas réfléchir sur la transformation des déchets provenant du poisson, déchets que ces dames peinent à évacuer en s'inspirant des nouvelles usines de biogaz qui commencent à voir le jour, et pratiquent de la bio-industrie, en renouvelant les énergies à partir des restes des animaux ? L'abattage de bovins et de caprins qui, auparavant, posait des problèmes de ramassage et d'incinération s'est transformé en opportunité pour l'emploi et pour la fabrication d'énergie, principalement de gaz naturel pour les usines et les ménages. Dans ce cadre, la solution à cette problématique des écailleuses de poisson créeraient d'autres emplois avec la trouvaille de produits nouveaux dérivés des déchets qu'elles rassemblent en fin de journée au marché.

Ce n'est pas une utopie de se référer à l'accès des femmes aux services sociaux de base tels que les premiers soins de santé dans ce qu'on nomme case ou poste de santé. C'est une réalité qui prend forme et elle est prometteuse malgré les lenteurs. La prise en charge de la santé de la reproduction freine les maladies héritées des relations sexuelles et des grossesses. La mortalité infantile et maternelle, quoiqu'on puisse en dire, tend à diminuer par l'effet des vaccins et des informations vulgarisées. La lutte contre des maladies endémiques comme la malaria et la tuberculose permet le développement physique et économique des personnes en les rendant aptes à travailler et donc à produire, dans la mesure où les personnes infectées sont accompagnées et les autres averties pour se prémunir.

En Casamance, au Sénégal, en 2014, selon l'UNICEF, 450 cas de viol de femmes et surtout de jeunes filles ont été recensés et les auteurs sont en grande partie des militaires, des enseignants et des étrangers. De temps en temps il en résulte des grossesses mal gérées ou qui ne le sont pas du tout. À coup sûr, l'hygiène corporelle déficiente, les menstrues, la grossesse, l'allaitement, les maladies chroniques représentent des facteurs bloquant pour la réelle participation de la femme à la vie de la société. Certaines femmes se retrouvent ainsi exclues des activités qui devraient assurer dans leur terroir le développement dit durable par le handicap, le manque de force physique.

b- Infanticide et suppression des filles

Dans le nord de l'Inde, près de la frontière avec le Pakistan, les bébés filles sont tués et on n'en veut pas dans la mesure où pour les donner en mariage, c'est la famille qui paye la dot. Aussi, généralement, une fille reste-elle gardée à la maison par les parents pendant longtemps, malgré la présence d'un prétendant, pour des raisons financières. Dans un village, il y a eu des enquêtes sur la disparition d'une petite fille dont la cause avait été la nomination d'une femme comme commandant de la police locale dans les années 2000. Grâce aux efforts trop vite sabotés de cette policière, la situation avait évolué un peu en faveur des femmes. Les filles qui étaient étouffées ou empoisonnées étaient tout juste condamnées sans nourriture ni eau pour que leur mort ne fût pas considérée comme un crime.

Pire encore dans ce même pays, les fœtus de sexe féminin sont détruits dès que le père est au courant de la grossesse et cela se passe en lieu sûr, de connivence avec des médecins hommes bien sûr. La conséquence de ces agissements étant un manque de femmes dans la société, on parle d'un déficit de 50 millions, les hommes achètent des partenaires dans d'autres régions. Ces femmes importées de force servent à régler des besoins sexuels et c'est encore une autre forme d'esclavage. Personne ne peut imaginer une société où il n'existe qu'un seul sexe, qu'il soit masculin ou féminin. Toute cette pratique démontre le caractère inconséquent de la politique du seul matriarcat ou patriarcat, les deux doivent s'entremêler et c'est ce qui donne tout son sens au « genre », terme banalisé et exploité à des fins personnelles sectaires et communautaires.

L'infanticide des filles est le premier acte anti-femme contre lequel il faut agir et non attendre que le mal soit irréparable pour le dénoncer uniquement sans grande marge de manœuvre. Après plusieurs décennies, on sait bien que les pratiques ancrées deviennent culturelles et quand l'habitude devient une seconde nature, la résistance au changement s'installe. C'est ici que devait intervenir la société civile, elle qui, dans les conditions normales, représente la sentinelle qui veille, avertit mais aussi proteste et résiste tout en proposant des solutions sans préjugés ni complaisance devant des situations et des projets et de manière inclusive et participative.

En 2016, la Corée du Sud reprochait au Japon d'avoir usé d'une partie de sa jeune population comme « femmes de réconfort » pour des combattants pendant la Seconde Guerre. À ce sujet, Michael de Pascal, lauréat du Prix Arditi 2008, avait soutenu dans son mémoire universitaire de maîtrise en histoire que les autorités japonaises avaient fait subir à des femmes coréennes, chinoises et à des femmes d'autres nationalités, de l'esclavage sexuel auprès des militaires. Selon lui, depuis la fin du XIXème siècle, une politique japonaise de prostitution de femmes, à partir de 18 ans, avait été instaurée et avait fragilisé ces dernières socialement.

Le phénomène des prostituées de guerre pose la problématique de la sexualité des soldats qui, par besoin vital ou par vice, violent des femmes et des enfants vivant aux environs des zones de conflit. Ce fait connu mais tu, sinon transformé en mystère, devrait être discuté, même si pratiquement aucune solution n'apparaît conformément à la morale ou aux règles internationales. Cette équation de la sexualité des contingents militaires a souvent soulevé des scandales et des sanctions ont été prononcées en 2015 en Afrique, à tort ou à raison, mais malgré cela, les faits persistent. Les décideurs ne semblent pas pouvoir prendre les décisions qu'il faut et les soldats ne sont pas prêts pour l'abstinence sexuelle. Leur attitude, bien que compréhensible, n'est pas permise, en tout cas, pour certains agents des forces armées, qui non seulement ne combattent pas ou n'accomplissent pas leur mission comme il se doit, mais s'adonnent à d'autres activités interdites ou ignobles. Il s'avère évident que si des enfants naissent d'une sexualité pareille, l'infanticide sera difficile à éradiquer.

Heureusement, tout n'est pas mauvais ; au sortir de la Deuxième Guerre mondiale, l'amorce d'une société d'abondance due à une reprise du commerce international à travers les routes et les ports avaient procuré un souffle économique en Afrique colonisée. Cela créa, un peu plus de bien-être, dans le goût culinaire, l'habillement et l'éducation. Evidemment, la grève des cheminots de 1945 avait rendu la situation presque invivable au Sénégal, mais, par bonheur, le train reprit, et on assista à une amélioration notable des conditions d'existence des populations locales. Dans les campagnes qui avaient été incendiées, la vie recommença de plus belle, le déplacement redevenu possible encouragea et la culture des champs et les échanges commerciaux.

La petite renaissance s'effectuait progressivement sans nuire à l'environnement et les questions de préservation de l'environnement et d'écoféminisme ne se posaient pas de manière évidente. L'économie matérielle comprenait, entre autres, le commerce, l'agriculture, l'industrie, la pêche, l'élevage, l'artisanat, la danse, le tourisme, la musique. De la même manière que celles-ci, l'économie politique, que l'on traduit aujourd'hui en termes d'économie solidaire et de développement durable était entre les mains d'expatriés.

Avec la globalisation actuelle, les nationaux tentent de s'approprier tous ces facteurs d'émergence sociale et de nos jours où le concept d'ODD, Objectifs pour le Développement Durable, est l'une des expressions les plus usitées, remplaçant ainsi les OMD, Objectifs du Millénaire pour le Développement. Etant conscient que dorénavant rien de solide ne peut être réussi sans les femmes, une esquisse d'implication réelle commence à jouer en leur faveur.

CHAPITRE V

CORPS DE LA FEMME ET CÉLÉBRITÉS MASCULINES

Naître et vivre riment avec grandir et vieillir et tout être humain souhaiterait mourir dans la vieillesse après une mission bien accomplie de travail et de bienfaits. Néanmoins, nous voulons rester jeunes et forts de manière perpétuelle, surtout les femmes qui tiennent à leur beauté qu'elles pensent pouvoir éterniser, rien que pour les hommes, tout en sachant pertinemment que sa durée est éphémère. Cette situation de charme, de fierté, de puissance morale et physique s'effrite au fil du temps, c'est le temps d'une rose, comme celle de Ronsard.

V-1- LE CORPS DE LA FEMME ET SES COMPLEXITÉS

La jeunesse et l'après jeunesse, car il ne s'agit pas encore de vieillesse handicapante mais tout simplement d'âge qui progresse, devraient être mises à profit afin de poser le maximum d'actes positifs pour réaliser, pendant et après, des choses utiles, à soi et aux autres, mener des recherches inédites pour, par exemple, soigner le cancer et le SIDA. Jusqu'à présent, un grand nombre de femmes décèdent en donnant la vie et cela devrait servir à stimuler leurs sœurs à étudier encore plus pour éradiquer ce fléau et d'autres semblables tels que les maladies du sein et du col de l'utérus. D'habitude, la femme optait pour que l'homme décidât et continuât à décider seul de ce qui lui conviendrait et, bien sûr, cela revenait à servir d'abord l'homme pour ensuite voir le reste.

a- L'âge de la femme, avantage ou handicap ?

Fort heureusement, les analphabètes n'attendent plus d'être envoyées sur les bancs de formation, elles s'organisent et cotisent pour se financer à elles-mêmes des activités rémunératrices à tour de rôle, et cela, sans intérêt à reverser à quiconque. Elles exploitent leur âge et leurs compétences physiques et morales, chacune selon son âge, se charge de réfléchir, pour convaincre, bouger et agir. On pourrait rétorquer qu'à elles seules elles ne s'en sortent pas, c'est très juste et c'est l'occasion d'attirer l'attention des décideurs pour qu'ils s'évertuent à encadrer ces femmes.

La femme et son action sur la nature importent dans la protection de l'environnement. L'eau est source de vie par les rivières et fleuves, mais aussi de soucis du fait des inondations ou au contraire de son manque et de l'absence de potabilité qui est chose courante. L'eau est mal épurée ou ne l'est pas du tout et dans des zones pauvres du monde, elle vient directement du puits ou se mélange aux eaux des égouts des environs. En ce qui a trait à la vie marine, la destruction s'effectue principalement par les déchets jetés par l'Homme, les sachets plastiques, les ordures des bateaux et la surexploitation. La pêche intensive est pratiquée à grande échelle à l'aide de moyens matériels extraordinaires au profit des pays les plus riches, avec l'accord des pauvres qui ne considèrent que le peu qu'ils y gagnent. Ces quelques milliards ne représentent rien dans la mesure où ces gros pêcheurs, non seulement gagnent en quantité et en qualité de produits, mais surtout en argent pour de multiples autres milliards de francs.

Les manœuvres militaires telles que les essais nucléaires et l'enfouissement des déchets toxiques ont lieu dans les mers des pays les moins forts. L'exploitation des mines de pétrole par exemple se fait de façon excessive et les puits tarissent. L'aquaculture a besoin de produits non naturels et de plus, elle s'approvisionne en mer. Les marées noires sont récurrentes et tuent de plus en plus d'animaux marins en réduisant la qualité de l'eau et en contaminant celle-là. Des conflits naissent souvent quand des pays se disputent l'appartenance d'un cours d'eau.

L'accès des femmes au savoir, au savoir-faire et au savoir être dès le bas âge est devenu maintenant un impératif, non seulement pour elles, mais aussi pour les enfants et les hommes, pour l'humanité dans sa globalité. Le développement économique des femmes est lié aux moyens financiers et à la logistique dont elles disposent ; c'est ce qui pourrait assurer le développement durable qui ne saurait se réaliser sans l'implication de la moitié de la population. Entre autres activités, les femmes se meuvent dans l'agriculture, les travaux champêtres, le maraîchage, le jardinage, l'entretien et la vente de fleurs, mais aussi dans les secteurs de la teinture, la coiffure, la couture, l'importation et l'exportation de marchandises.

Dans le domaine de l'industrie, on remarque de plus en plus de femmes transformatrices de produits agricoles, comme c'est le cas pour l'anacarde et les jus fabriqués localement et naturellement à partir de fruits de la place. Les produits d'origine animale, le cuir des moutons et des chèvres sont une aubaine pour les fabricants de chaussures et de sacs qui achètent la ressource auprès des femmes transformatrices qui n'y gagnent malheureusement que des sommes dérisoires.

En France, les salons littéraires des femmes d'un certain âge à l'intérieur desquels des analyses de vie intérieure et de situations problèmes succédaient aux conversations amicales prospérèrent entre le XVIème et le XXVIIIème siècle, lorsque l'encyclopédie fut créée en France. De grandes dames entretenaient et finançaient ces lieux de rencontres hautement intellectuelles. Des salonnières on peut citer Madeleine de Scudery, romancière française, auteur de *Ibrahim ou l'Illustre Bassa* (1641). Orpheline élevée par son oncle, elle passa du salon de l'Hôtel de Rambouillet à son salon où elle prêchait la préciosité. Elle fut contemporaine de Madame de La Fayette, de La Rochefoucauld et de Madame de Sévigné. L'une d'elles, Madame Geoffrin, fut célèbre par son salon, et l'action de ce genre de femme fut convoquée dans des textes d'auteurs tels qu'Olivier Blanc, un essayiste français, dans *Cercles politiques et salons du début de la révolution*, 2006. Evelyn Beatrice Hall, qui a écrit sur Voltaire, produisit *The Women of the Salons and other French Portraits*, 1969, où il est question de beauté, de mariage, d'études intellectuelles et de faits de société, en plus de figures célèbres comme Horace Walpole et Napoléon.

b- Vie de femmes aux côtés d'hommes célèbres

Généralement, la plupart des femmes rêvent de partager leur vie avec des conjoints, compagnons ou amis de renommée. Il y a lieu de se demander si toute la peine qu'elles se donnent pour y arriver rarement leur procure les joies et espoirs escomptés. A suivre Diane Ducret, journaliste et écrivaine, c'est souvent la déception et l'auteure le démontre dans *Femmes de dictateur*, volumes 1 et 2. Dans ces deux ouvrages, nous allons essayer de faire la synthèse des portraits de Ducret sur Mirta Castro, Najwa Ben Laden, épouse du célèbre jihadiste, des femmes qui étaient liées à Hitler et de Catherine Bokassa épouse de l'ancien empereur centrafricain, mais de bien d'autres encore.

Née en Belgique, Diane Ducret est philosophe, historienne, enseignante et écrivaine, sortie de la Sorbonne et de l'Ecole Normale Supérieure de Paris. Ses ouvrages *Femmes de dictateur*, Tomes 1 et 2 ont été suivis de *Corpus*

Equi (2013), primé par Forêt des Livres. Après de longues recherches sur la vie de femmes ayant vécu dans l'entourage d'hommes célèbres, elle a eu accès à une mine d'informations. Certains de ces hommes sont des sanguinaires et vivent toujours, mais Diane a pris le risque de débusquer leurs femmes ou maîtresses d'alors, des domestiques et collaborateurs. Au milieu des obstacles, elle avoue avoir eu peur dans ses voyages, coups de téléphone et entretiens ; l'Internet l'a aussi aidée. Le titre *Femmes de dictateur,* oppose femmes avec s, au pluriel, et dictateur au singulier pour montrer le nombre de femmes qu'un seul homme faisait courir, exploitait ou humiliait dans le seul but de se servir d'elles. Afin de trouver leur équilibre psychique et physique pour vaquer à leurs folles occupations, ces messieurs dits forts utilisaient chaque femme à une fin donnée.

Fidel Castro et Mirta Diaz Balart

La rencontre entre l'ancien dirigeant de Cuba et Mirta se passa dans les années 1940 au collège jésuite de Belen où le jeune homme et la jeune fille étaient élèves. Le fils de Lina Ruz et Angel Castro, un puissant propriétaire terrien, devint étudiant en droit à l'Université de la Havane et y fit la connaissance de Raphael Diaz Balart qui, par le fait du hasard, n'était autre que le frère de Mirta. Cette belle blonde était alors étudiante en philosophie et vivait difficilement selon les humeurs de sa marâtre, celle que son père avait épousée à la suite de la mort de sa mère.

Les fiançailles de Mirta et Castro avaient été célébrées en 1946 ; la jeune fille avait 16 ans. Les sœurs de Fidel facilitèrent le mariage par la suite en 1948, avec beaucoup de bonnes intentions, contrairement à ce que l'on voit chez les belles-sœurs. Souvent, ce sont ces dernières qui trouvent des objections contre la fiancée ou l'épouse, rendant les relations amoureuses ou conjugales heurtées, voire impossibles chez le couple lorsque l'homme est leur frère.

Ce fut un grand espoir lorsque Mirta et la famille Castro virent Fidel s'éloigner du milieu hostile de la fédération des étudiants où coups bas et assassinats se succédaient dans l'ombre. La raison était un voyage aux États-Unis qui prévoyait que les nouveaux mariés allaient émigrer pour longtemps. Quelle ne fut l'amertume de leur entourage quand ils apprirent leur retour à la Havane juste deux mois après leur départ ! Castro reprit la politique de plus belle sans se soucier de sa jeune épouse, en la délaissant. Elle l'attendait quelquefois durant des heures dans une voiture, alors qu'il assistait à des réunions organisées par des communistes.

Après une grossesse pas facile, Mirta donna naissance à leur fils aîné en 1949. Ce bonheur fut passager puisque Fidel influença son frère Raoul et ses camarades et ensemble ils se mirent à combattre ouvertement le régime en place auquel appartenaient le père de Mirta et sa famille. De plus, Mirta n'avait plus le droit de s'approcher de sa famille sur décision de son époux qui devait partir pour Paris pour étudier à l'Université de la Sorbonne. Ce projet était l'unique consolation pour Mirta, mais grande fut sa déception le jour où Fidel lui annonça qu'il y avait renoncé.

Le cauchemar de la jeune maman continua, car Fidel désertait la maison, la laissant seule avec son enfant passer des nuits blanches dues au chagrin conjugal et aux petites maladies du bébé, telles que les poussées dentaires dont elle ne savait que faire. Aux soucis pécuniaires s'ajouta le fait que des femmes, pour des raisons politiques réelles ou non, devinrent les amies de Fidel, occupèrent son entourage. Ce qui s'ensuivit n'était pas imprévisible, c'étaient les sorties nocturnes dans les cafés, les cinémas et les bistrots. Fidèle à Mirta, la famille Castro ne l'abandonna jamais et ce fut vraiment le cas lorsque deux maîtresses de Fidel donnèrent naissance chacune à un enfant. L'explication que Castro servit à sa mère fut la meilleure pour créer le comble dans son comportement irresponsable ; d'après lui, ces femmes étaient tombées enceintes par le biais d'une force surnaturelle.

Les relations se brouillèrent davantage quand Fidel annonça à sa femme qu'il l'avait quittée parce que les partisans de la famille de Mirta avaient occupé une partie du pays et proclamé l'état de siège ; nous sommes en 1951. Castro ajouta que, tant que les Diaz Balart et leurs alliés ne quittaient pas le pouvoir à Cuba, il ne reviendrait pas auprès de sa femme. Ce chantage bizarre et contre nature révèle à quel point le chef cubain jouait avec les sentiments de sa femme et ne se souciait nullement de sa vie conjugale. On dirait que Mirta est un objet qu'on manipule ou bien une substance, de la pâte à modeler que l'on moule à sa guise.

Par la suite, Fidel Castro dirigea une attaque contre une caserne de l'armée et malgré un bilan très lourd, c'était un échec. Ce fut la chasse à l'homme contre les auteurs et Mirta, en cherchant à se rapprocher des familles des compagnons de Fidel pour rassembler les amis et sympathiser avec eux, eut la déception de se faire haïr et insulter. Son mari était tenu responsable de tout ce qui s'était passé, lui qui avait agi en tant que cerveau dans l'insurrection avortée. En dépit de tous ces obstacles, Mirta reprit son bâton de pèlerin pour empêcher l'exécution des frères Castro, Fidel et Raoul. Elle parvint à convaincre les soldats qui devaient les capturer de les ramener vivants. Quelle magnanimité ! Quelles belles amours !

Il était difficile de décourager Mirta parce qu'elle était déterminée à lutter, à résister, à sauver son époux et son ménage tout en préservant ses relations avec ses propres parents, malgré les bouleversements de toutes natures. Les femmes qui voyaient Fidel l'admiraient tellement qu'elles tombaient à ses pieds ; elles disaient être envoutées par sa voix et d'autres, qui n'avaient pas la possibilité de l'approcher, le suivaient dans les media et les lettres d'amour pleuvaient au vu et au su de Mirta. Cette brave et endurante femme s'était habituée à de telles agressions, elle s'imposait la souffrance, et même pendant la période d'emprisonnement de son mari, une lettre que celui-ci avait destinée à l'une de ses amantes lui a été remise, à dessein, à l'instigation de personnes qu'elle ne connaissait pas.

Comme toujours, une goutte d'eau fait déborder le vase. Mirta finit par fléchir du côté de sa famille, demanda le divorce et alla s'installer en Floride aux États-Unis, elle et son fils Fidelito. Elle devint une employée dans un restaurant et essaya de donner des cours dans une école privée. A Cuba, Fidel Castro sortit de prison entre temps et resta l'ami des femmes qui le rejoignaient dans son appartement. L'une d'elle, mariée à ce moment, tomba enceinte de Castro et s'en aperçut alors que ce dernier s'était exilé au Mexique, avant de se rendre aux États-Unis deux ans après pour se réconcilier avec Mirta. Le remariage allait se concrétiser l'année suivante, quand l'amante, du nom de Naty, accoucha d'une fille.

Mirta se maria de nouveau avec un autre homme et Fidel, pour se venger, chargea l'une de ses sœurs de ramener Fidelito au Mexique, puisque sa mère voulait passer son voyage de noces à Paris. Ce mariage avait rendu le célèbre homme furieux et il donna l'ordre d'empêcher la récupération de son enfant par Mirta qui était de retour de noces, la qualifiant de traîtresse. Cette dernière organisa l'enlèvement de son fils avec succès.

Par la suite, Castro (Ducret 2012 : 94) recevait des femmes dans ce qu'on appelait « chambre 160 » dans son palais au courant des années 2000, en refusant que Dalia, qui était officiellement son épouse, soit appelée Madame Castro. Le dirigeant cubain a toujours affirmé avoir été marié une seule fois, sans jamais préciser avec quelle femme. Citant les propos de l'un de ses anciens gardes du corps, Ducret écrit : « *Lorsqu'il voyait une femme qui lui plaisait dans la rue, il la désignait à son chef d'escorte, comme dans un marché aux poissons et celui-ci faisait signe à un des hommes des dernières voitures du convoi. A ce moment commençait un processus de vérification préliminaire de la victime* » (Ducret 2014 : 93). On peut en déduire qu'en dépit des mauvais comportements de Fidel Castro, Mirta a été son unique véritable amour ; ceci nous mène à une autre femme, celle d'Osama Ben Laden, dont la vie conjugale reste similaire à celle de Mirta.

Najwa et Osama Ben Laden

En 2000, en Belgique, un homme du nom d'Abdessater Dahmane et son épouse Malika découvrirent l'islamiste Ben Laden à la télévision et ce fut comme un coup de foudre pour ce dernier. L'année suivante, Dahmane tua dans un attentat l'ennemi numéro un des talibans, Ahmed Massoud. Cette même année 2001, après les attentats du 11 septembre aux États-Unis, Ben Laden devint l'homme le plus aimé des femmes du monde de par sa revendication des attaques. Ben Laden, alors âgé de 44 ans, attirait comme de l'aimant et les femmes donnaient comme critères sa bravoure, sa tenue blanche, sa barbe, ses déclarations et sa voix. Des femmes et des filles musulmanes et des non musulmanes le suivaient et cherchaient ses photos.

Pourtant, bien avant tout cela, une femme, une cousine qui aimait peindre des tableaux, Najwa s'entendait avec Osama depuis leur plus tendre enfance et ils passaient les vacances ensemble chez les parents de la fille à Lattaquié, en Syrie. A ce moment, les frères Ben Laden étudiaient dans les plus prestigieuses écoles de fils de riches, précisément à Beyrouth et se rendaient régulièrement aux États-Unis. Le groupe des garçons fréquentait des filles européennes et se comportait en play-boys mais Osama n'y prenait pas part. Leur père Mohamed Ben Laden était ami du roi Abd El Aziz et pour cette raison, il gérait des marchés de pétrole qui lui procuraient d'importantes sommes d'argent. Ainsi, il épousa plusieurs femmes, peut-être vingt et aurait eu cinquante enfants, à l'instar de son ami le roi.

Les parents d'Osama avaient divorcé avant la mort du père par suite d'accident d'avion ; cela paraît bizarre, mais l'homme avait voulu que son ex-femme se remariât avec un membre de son clan à lui, peut-être pour garder un œil sur elle et ses enfants. C'est la dictature du patriarcat. Par conséquent Osama ne s'est jamais éloigné de Najwa, la fille de sa tante paternelle, celle qui le trouvait timide et solitaire mais l'adorait.

La mère d'Osama décida d'unir son fils et la fille de son frère, et l'on remarque au passage que c'est parce que cette femme appartient à la lignée paternelle qu'elle ose se permettre de prendre une telle décision. La mère de Najwa ne pouvait que s'adresser à sa fille pour émettre ses craintes de la voir se voiler intégralement et mener une vie en retrait de la société. Malgré tous ses arguments, la fille s'enfonça dans le mariage, bien qu'elle comprît les risques qu'elle encourait. Selon les informations glanées par Ducret, le mariage fut sobre et même triste, car toute manifestation de joie y était interdite, même le rire. Juste après les noces, le mari repartit à Djeddah auprès de sa mère, ne correspondant que par lettre avec sa jeune et nouvelle épouse. L'année suivante, Najwa rejoignit le domicile de ses beaux-parents et s'adapta rudement au voile et au mode de vie. Dans un grand appartement entretenu par des domestiques, les journées se passaient entre la lecture du coran et les prières que dirigeait Osama. Au fil du temps, l'intégration de la jeune femme se réalisa jusqu'aux goûts culinaires de son époux. Ce dernier avait alors 18 ans, dirigeait l'entreprise familiale avant même de quitter le lycée.

Les autres femmes de la maison, tout comme Najwa, vivaient en réclusion et c'est ce qui la poussa à devenir créatrice de belles robes, aidée par son chauffeur qu'elle forma par nécessité à choisir le bon matériel et les tissus de qualité en tenant compte des couleurs adaptées. Un premier enfant naquit de ce mariage en 1976 et, évidemment, comme aucune idée d'espacement ou de contraception n'aurait été acceptée par Osama, deux autres garçons suivirent alors que le père était étudiant à l'Université Abd-El Aziz. Najwa vivait difficilement ses maternités puisque son époux lui interdisait d'utiliser le biberon et elle dut pleurer devant les cris de ses enfants. En outre, comme dans beaucoup de belles-familles, les belles-filles ne se font pas de cadeau. Najwa était écartée ou ignorée lors de leurs rencontres et chacune s'adonnait à une démonstration de richesse et de fringues à la mode. Dans cette atmosphère, elle attendait avec impatience la venue de son époux.

Malheureusement pour Najwa, l'engagement politique de Ben Laden se confirmait de jour en jour et lorsque l'Ayattola Khomeyni expulsa le Shah d'Iran, Osama y trouva l'occasion de restaurer le « droit chemin » dans ce pays, mais aussi en Arabie Saoudite, par rapport à leurs relations avec les Occidentaux. Sa femme n'était plus au centre de ses préoccupations et, paradoxalement, celle-ci se rangea derrière son époux qui se mit à faire disparaître tout ce qui rappelait l'Occident, et les autres femmes suivirent sans se poser de questions. Dans cette supposée mission, Osama se rendit aux États-Unis avec femme et enfants à Indianapolis où ses longues absences se multipliaient alors qu'il s'intéressait de plus en plus à la géopolitique. Il commença à soutenir les islamistes qui menaçaient l'Arabie Saoudite en accusant ce royaume de jouer le jeu des Occidentaux.

Pour échapper à ses complots, les autorités saoudiennes se virent obligées de suivre la police radicale, la *Muttawa,* qui traquait les femmes non voilées et qui les réprimaient sévèrement pour non-conformité à la religion musulmane. Encore une fois, les femmes sont utilisées comme appâts, comme armes et représentent les cibles, donc les futures victimes, et elles ne comprennent cela qu'après coup. Le 20 septembre 1979 coïncidant avec les préparatifs de la célébration de l'an 1400 de l'Hégire, des terroristes assaillirent la Kaaba, tuant des hommes et prenant des otages ; ils accusaient la famille royale de pervertir la société. Les Saoudiens impuissants, firent appel à l'armée française qui, à son tour, sollicita le plan de la mosquée pour en faire sortir les otages et par ruse ou comble de malheur, Ben Laden, dont la famille avait le privilège de construire l'édifice, avait disparu. Ce fut son frère qui apporta le plan de la mosquée.

Témoin de tous ces maux dont son mari était à l'origine, Najwa sentit que rien de positif n'allait plus se passer pour son ménage, les récents développements n'augurant rien de bon. Elle se plaignit auprès de son mari quand ce dernier se mit à rassembler de l'aide pour l'Afghanistan, pays occupé par les Russes. Soutenu par l'une de ses sœurs, Sheika, une femme aussi insensible et radicale que son frère, Osama se déplaça au Pakistan où étaient réfugiées des populations afghanes. D'ailleurs, Najwa n'était pas la seule à souffrir de solitude et de ressentiment vis-à-vis de l'attitude de son mari, Alia, la mère de celui-là, était dépitée, ne sachant à quel saint se vouer. Malgré toutes ses tentatives de discuter avec son fils, l'islamiste non seulement partait, mais prenait part aux combats.

Durant les rares heures pendant lesquelles il retournait auprès de son épouse, Osama interdisait formellement à sa femme de poser des questions sur la lutte pour la religion, le jihad, et il ne lui était même pas permis d'y penser, comme s'il était donné à quelqu'un de faire fonctionner le cerveau d'un autre être en choisissant pour lui les données à traiter.

Il faut se rappeler que même l'ordinateur, qui est un objet détenteur d'une mémoire qui agit sous nos ordres, nous trahit de temps à autre. Najwa devait tout juste accepter ce que lui offrait son mari, se terrer et se taire, comme les conditions matérielles étaient toujours les meilleures selon les circonstances. Elle se laissa abattre par l'ennui, la télévision ne diffusant plus que des slogans d'hostilité. Ainsi, dans son imaginaire, son quatrième garçon était une fille et elle le traitait comme telle, lui faisant porter des robes et des coiffures en tresses. Son mari la rappela à l'ordre quand il surprit le garçon habillé en fille. Une des qualités d'Osama était de ne jamais brutaliser une femme, mais Najwa ne devait pas intervenir dans l'éducation de ses enfants. Ces derniers avaient de temps en temps droit aux récits relatant les exploits guerriers de leur père qui lui-même les leur racontait, mais contrairement aux femmes, ils n'avaient pas le droit de jouir de la climatisation, malgré la canicule.

Le malheur de Najwa commença vraiment lorsque son mari lui demanda d'accepter qu'il prenne une deuxième épouse, afin d'augmenter le nombre de ses fidèles. A l'époque, « la première dame » allait accoucher de son cinquième enfant et en Arabie Saoudite, la polygamie était devenue une pratique d'un autre temps à cause des échecs répétés dans les familles. La nouvelle troubla Najwa qui ne cessait de se remettre en question, ne comprenant pas qu'Osama fût insatisfait d'elle. Néanmoins, elle eut la présence d'esprit de faire de la nouvelle venue une amie, ce qui lui permit de braver sa solitude et son sixième garçon naquit dans l'entente.

Cette quiétude fut cependant gâchée par « l'acquisition » d'une troisième épouse dont son mari lui imposa l'organisation de la cérémonie, le choix de la dot et le partage des pièces de la maison. On a l'impression que les femmes s'accumulent chez leur mari comme des biens de consommation que l'homme cherche à multiplier. Les trois patronnes se mirent à gérer ensemble les enfants et le personnel domestique, et rien de plus, mais Najwa finit par regretter d'avoir « choisi » la dernière épouse, car on lui reprocha d'avoir amené celle qui n'avait pas d'enfant. On se demande si une femme ne sert qu'à faire des enfants ; c'est à la fois triste, injuste et bête du fait que la procréation ne relève pas de la simple décision de la personne et que c'est un processus naturel. De plus, un mari qui s'en va souvent et pour longtemps n'offre pas à sa conjointe assez de chance de tomber enceinte. Il s'y ajoute que dans ce cas-ci, on se trouve en ménage polygame, le mari fréquente les femmes à tour de rôle et les rapports entre conjoints sont encore moindres.

Sans surprise, l'idée d'une quatrième épouse germa et prit forme, cette fois sans Najwa, au grand bonheur d'Osama qui pensait ainsi respecter un pacte sur la polygamie qu'il avait signé avec son chef spirituel, Abdallah Azzam. Ce dernier était en fait quelqu'un qui prônait le jihad non négociable et était adulé par sa propre épouse (Ducret, 414). On assista à la mise en œuvre de la puissance manipulatrice de la femme, puisque la dame en question propagea ces idées hideuses et réussit à fédérer autour d'elle, à Peshawar, au Pakistan, les « mères du jihad », groupement féminin de soutien à l'action insoutenable et odieuse de son époux. Les maris combattants de ces dames les installaient dans des endroits sécurisés, loin des grottes et montagnes qui leur servaient de quartiers généraux.

Après l'assassinat d'Anouar El Sadate en 1981, un médecin égyptien du nom d'Ayman al-Zawahiri rejoignit le groupe en 1986 ; ce chirurgien-dentiste fugitif se lia d'amitié avec Osama et en l'absence d'Azzam, ils fondèrent l'association d'Al Qaeda dans la nuit du 11 aout 1988. La suite fut l'accident de voiture au cours duquel Azzam et son fils perdirent la vie, en novembre 1989. La famille Ben Laden était à ce moment à Médine où d'abord Najwa accoucha de sa première fille, Fatima, et ensuite de son huitième enfant, une autre fille née le même jour que sa demi-sœur qui était le troisième enfant de la quatrième épouse. Il devient difficile de dénombrer les enfants et de discerner leurs mamans.

Au moment où Najwa espérait avoir son époux à ses côtés, la guerre entre l'Irak et le Koweït provoqua l'intervention des Américains et Osama détestait de voir des femmes soldats circuler en Arabie Saoudite. Elle perdit toute trace de son époux qui s'installa comme agriculteur professionnel à Khartoum au Soudan et y transféra sa famille après. La liberté octroyée aux autres épouses ne s'appliquait pas à Najwa ; la gardienne du temple avait pour principal rôle de rester à la maison avec les filles. De manière contradictoire, les épouses d'Osama voyageaient et travaillaient comme elles le voulaient. Quoiqu'il en fût, il y avait une discrimination, positive ou négative. L'attitude de leur mari intriguait les femmes qui remarquèrent que Najwa était toujours plus proche de leur homme à toutes : *« Si les trois dernières femmes semblent bénéficier de sa compréhension vis-à-vis de leur besoin d'indépendance, Najwa doit quant à elle, rester présente à chaque instant »* (Ducret 429).

Pendant cette période au Soudan, Ben Laden paraissait psychiquement déstabilisé par la demande de divorce de la deuxième épouse dont la remplaçante demanda encore le divorce après 48 heures de mariage. Les conséquences de cette situation se reflètent dans son entêtement à organiser les entraînements au jihad, à recruter d'innombrables candidats aux combats, aux attentats-suicides et aussi sa rancune extrême et incontrôlable envers les dirigeants du royaume saoudien et leurs alliés occidentaux. Une célèbre « médiateure » fut Alia, la mère d'Osama, qui se chargea de jouer les bons offices entre l'État saoudien et son fils exilé à Khartoum. Vu l'animosité de l'homme, tous les efforts de sa mère restèrent vains, malgré tout le respect qu'il lui vouait.

Apres l'échec de la tentative d'assassinat de Hosni Moubarak d'Egypte en 1995, Ben Laden, le cerveau qui était un combattant infatigable, demanda à son fils Omar de le suivre dans un autre exil, sans en informer Najwa. Par la suite, la famille retrouva le chef en Afghanistan après un départ précipité, sans destination annoncée. Le lieu d'accueil était une bâtisse entourée de terres cultivables offerte à Osama par un mollah. Quand on vit le commandant Massoud perdre Kaboul au profit des talibans dirigés par le Mollah Omar, ce dernier hésita pendant des mois, avant de collaborer avec Ben Laden.

Najwa n'avait aucune idée de l'endroit où elle se trouvait et c'est son fils Omar qui lui expliqua qu'ils étaient à la frontière entre l'Afghanistan et le Pakistan. Les épouses d'Osama, otages de leur mari et de son combat, se retrouvèrent dans une prison naturelle qui est la montagne, là où ils vivaient à l'état primitif. Le même endroit et la même eau servaient à la fois à faire et la vaisselle et les besoins. La nourriture se résumait au riz accompagné d'œufs, de dattes et de miel. Contre leur gré, les épouses apprenaient à combattre de la même manière que les hommes ; c'était intenable, inimaginable. Najwa, encore en état de grossesse devint dépressive, ne trouvant que ses enfants pour l'apaiser, eux dont le père demeurait un éternel absent.

La chance sourit à Najwa lorsque son état de santé nécessita qu'elle fût transportée à Djalalabad où elle accoucha d'une fille. Ce fut un nouveau déménagement pour Ben Laden et ses hommes qui élurent domicile loin de la ville dans un nouveau camp d'entraînement. Cette fois, les femmes furent épargnées de cours de combat et reçurent l'autorisation de sortir une fois par semaine pour aller apprendre le coran pendant deux heures et rencontrer d'autres femmes.

Ne pouvant aimer ses épouses de manière égale, Osama commença à pencher en faveur de Khairah qui détenait un doctorat et tout le monde le remarquait. La jalousie gagna Najwa qui ne s'entendait plus avec son mari, le duel entre les deux épouses était indirect mais rude, et elle, la plus jolie et la plus à l'aise, s'occupait de la maison, des enfants, en faisant travailler les filles. Parallèlement, Khairah soutenait son époux et l'admirait comme guerrier, et cela les rapprochait de plus en plus au point que beaucoup la considéraient comme sa conseillère.

Toutefois, en l'absence de ses hommes, le comportement de Ben Laden envers ses filles et ses femmes s'adoucissait. Il essayait de leur offrir des distractions de temps à autre. Najwa avait beaucoup perdu de son enthousiasme quand son fils aîné était retourné en Arabie Saoudite pour fuir son père. Une fois, le chef devait rencontrer un journaliste et pour se préparer, toutes ses femmes l'entouraient. Ce genre de scène se répétait, surtout en période de Ramadan (445).

Dans la clandestinité, les intellectuels du groupe Ben Laden avait misé sur l'éducation des filles à l'intérieur du camp dans la mesure où ces dernières n'étaient pas autorisées par les talibans à fréquenter les écoles publiques. Brusquement en 1997, il fallut quitter Djalalabad pour Kandahar sans broncher, sans chercher d'explication. Une autre vie s'annonça dans un camp forteresse qui avait été construit par les Soviétiques avec l'accord du Mollah Omar, chaque épouse occupait une maison non éclairée où l'eau ne coulait plus et il n'était point question de sortir à cause de l'insalubrité et le laisser-aller, séquelles de l'occupation soviétique.

Le comble de tout cela fut que Ben Laden qui protégeait toujours les femmes avait perdu tout sentiment d'émotion et de compassion envers l'être humain quand il s'agissait de tuer des Occidentaux et leurs sympathisants. Najwa était ahurie devant les explosions de joie de son mari lorsqu'un double attentat fit exploser des personnes et des biens, au même moment, le 7 août 1999, à Dar-es-Salam en Tanzanie et à Nairobi au Kenya. En fait, trois épouses du Mollah Omar furent déchiquetées lors de représailles américaines contre Ben Laden. La conséquence, fut que le Mollah décida de chasser son protégé au moment où Najwa allait accoucher de son onzième enfant, à la vingt-troisième année de vie conjugale ; on a envie de calculer la moyenne de l'espacement des naissances.

Pour Najwa, une lueur d'espoir apparut lorsque la sœur de son père, mère de son mari Ben Laden, se rendit dans le campement. Malheureusement, Najwa fut vite désenchantée, car la grande dame avait été envoyée comme médiateure par le roi Fahd auprès de son fils. Cette mère, aussi désemparée que Najwa, tenta de convaincre son fils qui l'aimait et la respectait de renoncer au jihad, mais en vain. Omar aida sa mère Najwa à partir en Syrie où une dernière fille vit le jour et lui-même alla se réfugier en Arabie Saoudite. Peu après Najwa rejoignit le groupe à Kandahar malgré tous les arguments dissuasifs de son fils.

Le chef trouva un alibi pour chercher une autre femme à Sana au Yémen en vue de pouvoir s'y réfugier en cas de besoin. Les épouses réagirent négativement alors que les enfants se plaignaient de devoir supporter une marâtre qui a leur âge. Cependant, la nouvelle quatrième femme s'intégra progressivement par sa politesse et son calme, au profit de la paix dans le clan. Malgré tout, la vie de Najwa se dégradait du fait de la distance entre elle et son mari qui allait s'accentuant. Son époux détestait qu'elle l'interrogeât et s'irritait dès qu'elle entamait une conversation. Il préférait s'isoler et ses femmes, bizarrement, n'avaient plus l'occasion de se regrouper pour s'éclater et cela leur manquait. Osama passait son temps à dresser des listes de candidats aux attentats et au combat, à méditer et à se saouler de tranquillisants. Les visites à ses femmes se raréfiaient et s'espaçaient de deux à trois semaines.

Au moment où Najwa se lassa, ce fut sans délai qu'elle décida de partir définitivement en Syrie. Non seulement son mari lui interdit d'emmener les enfants, sauf les tout-petits, mais il lui signifia que jamais il ne lui accorderait le divorce. En fait, Osama avait demandé à toutes les femmes de choisir entre partir et rester. Quelle intransigeance ! Quel cynisme !

Après les attentats du 11 septembre aux États-Unis, les répliques américaines à Kandahar causèrent beaucoup de victimes : parmi celles-là, des femmes et des enfants. Certains avaient disparu, d'autres avaient perdu parents, amis ou enfants. Qu'est-ce qu'on gagne dans ce combat sanglant, stupide, régional puis international ? A ce moment, Ben Laden avait disparu accompagné de sa dernière épouse, la yéménite Amal et Ducret commente : « *Le 11 septembre était son Grand Soir. Les flammes président à la création d'un monde à son image. Depuis Lattaquié, Najwa répond au téléphone et entend la voix d'Omar. Ses sanglots étouffent ses paroles* » (Ducret 2014 : 460). Qu'est-ce qu'il y a de plus triste ?

La vie de Magda auprès d'Hitler

Johanna Maria Magdalena Behrend, d'après les informations recueillies par Diane Ducret, est née en 1901 et a reçu une éducation juive à Bruxelles auprès de son père. Lorsqu'éclatèrent des émeutes contre les Allemands en 1914 en Belgique, elle s'enfuit vers l'Allemagne accompagnée de sa mère ; son père s'arrangea pour la placer dans un pensionnat afin de la séparer de cette dernière. C'est ainsi qu'elle rencontra son premier mari, Gunther, d'avec lequel elle divorça en 1929 après la naissance de leur fils. Elle manipula la justice, récupérant presque tous les biens de son ancien conjoint. Par la suite, elle adhéra au parti nazi et connut une ascension fulgurante. Extravagante au milieu de groupes plutôt socialistes, elle choquait par son apparence. Elle accéda auprès d'un homme puissant, Joseph Gobbels, un handicapé méchant et colérique dont le discours empreint de haine et de méchanceté l'emballa. C'était le grand amour entre eux jusqu'à ce que Magda rencontrât l'auteur de *Mein Kampf* qu'elle avait lu et admiré. Hitler venait de perdre une compagne qui s'appelait Geli et avait trouvé une autre du nom d'Eva, à Berlin.

Par le fait du hasard, Hitler se trouvait à l'hôtel Kaiserhoff où Magda était partie prendre un pot avec son fils ; le garçon reconnut le célèbre homme, se dirigea vers lui et le salua par la fameuse formule « Heil Hitler ». Un homme de confiance du dictateur servit d'intermédiaire par la suite pour que Magda devînt la femme de compagnie particulière du patron. Pour celle-ci, il lui fallait se marier et Goebbels était l'homme idéal, politiquement et économiquement. Une union avec lui aurait permis de garder la pension qu'elle percevait de Quant, son premier mari. Très à l'aise comme beaucoup d'hommes dans sa position d'hypocrite et de profiteur, Goebbels s'arrangea pour que le mariage eût lieu et Hitler servit même de témoin. Le 9 décembre 1931, le drapeau à croix gammée flottait dans la propriété. De cette union naquirent un garçon et quatre filles.

Les nazis accédèrent au pouvoir en 1932, et quand une tentative d'empoisonnement d'Hitler par le repas échoua, Magda prit la décision de faire la cuisine pour lui. Cela facilita leur rapprochement, car Magda était raffinée et montrait au grand patron les bonnes manières. Malgré ses grossesses rapprochées, ses activités politiques, en plus des contraintes familiales, sa maison était intacte ; elle la nettoyait elle-même et restait physiquement impeccable. Ses relations particulières et inhabituelles avec le chef dérangeaient les gens, leur complicité et leur proximité soulevaient des doutes et des débats. Une grande facilité de communication, sans négliger sa beauté, les liait et il la consultait régulièrement, et c'est l'une des raisons qui l'avait amené à pousser Goebbels à l'épouser. En fin de compte, en gardant le mari près de lui, il retenait aussi la femme à ses côtés et l'intelligence d'Hitler avait dépassé celle de Magda ; elle, la manipulatrice, était en train d'être manipulée sans s'en rendre compte.

A la fin du mois d'avril 1945, les Soviétiques envahirent Berlin, le 27 précisément ; deux jours après, Hitler se suicida dans son bunker de Wilhenstrasse après avoir accroché son insigne personnel à la veste de Magda. Bien que cet homme eût officiellement vécu avec plusieurs femmes, parmi lesquelles sa nièce Geli et Helen Bechstein qu'il avait rencontrée en 1920 et qui finançait le journal pro-nazi *Auf Gut Deutsch*, Magda semblait être la plus aimée.

Par ailleurs, Winfred Williams, une femme d'origine anglaise, était l'épouse d'un membre de la famille du célèbre musicien Wagner. Elle devint quand même un admirateur d'Hitler, adhéra à sa cause en prenant part à presque la totalité de ses activités. C'est ainsi qu'elle fournit le matériel nécessaire à l'écriture de *Mein Kampf*. Le mari de cette dernière, devenu jaloux, tenta de les séparer par tous les moyens, mais échoua. Avant de mourir, il menaça de déshériter sa femme au profit de ses seuls enfants, au cas où celle-ci se remarierait. On comprend fort aisément que l'époux eût voulu empêcher, *post mortem*, l'union entre sa veuve et le grand homme. Par bonheur pour ce mari jaloux à mort, Hitler avait déclaré que la seule femme à laquelle il s'était marié était et demeurait l'Allemagne.

Contrairement à cette option, bien des témoignages soutiennent qu'Hitler comptaient plus sur les femmes que sur les hommes en politique et, cité par Emmy Hoffman, il avait lancé : « *L'État succombe précisément parce que vous laissez succomber les* femmes » (Ducret, 211). Cette réflexion montre clairement que le leadership féminin fut et sera toujours une condition *sine qua non* de la réussite et du développement durable. Il faut cependant souligner qu'Hitler s'exprimait dans une vision négative et discriminatoire, dans la mesure où il se servait simplement des femmes pour arriver à ses fins.

En réalité, les femmes ont plutôt échoué dans leurs relations avec Hitler et cela a gâché des vies ; elles se sont oubliées pour la réussite et le bonheur du dirigeant qui ne pensait qu'à lui-même. Elles l'ont placé au cœur de leur existence, en l'adulant aveuglément, ignorant, souvent exprès, ses erreurs et ses dérives. Assurément, les femmes ont aussi une responsabilité dans le comportement d'Hitler en le suivant sans limites, en adhérant à son combat odieux sans objectivité aucune. Elles l'ont accompagné dans le gouffre, en œuvrant à leur propre perte, à celle de l'humanité, en se donnant à lui physiquement par un dangereux, voire impossible grand amour. Tricheur et opportuniste, Hitler cherchait à raffermir ses forces physiques et intellectuelles lui permettant d'étendre son idéologie et son hégémonie afin d'assouvir sa soif de pouvoir.

Il est regrettable que des femmes considérées comme puissantes d'après plusieurs sortes de critères, financièrement, de par la naissance, selon l'aspect physique, la beauté ou le charisme, ou au plan intellectuel, se laissent utiliser et manipuler. Ces hommes qui les narguent les jettent après usage, comme de vieux rasoirs.

Catherine, Jean Bedel Bokassa et ses autres femmes

Le cas d'un autre homme, très connu à travers le monde, l'Africain Jean Bedel Bokassa, présente des situations intéressantes de femmes en tant que concubines ou épouses. Cet ancien dirigeant de la République Centrafricaine, à l'époque officier de l'armée, après avoir épousé successivement une femme belge, une métisse centrafricaine, deux femmes en Indochine pendant la guerre, entre 1948 et 1954, s'unit à une Egyptienne de religion juive. La meilleure trouvaille de Bokassa, si l'on en juge par la longévité, fut Catherine Dengmade, Centrafricaine de Bangui, née au Tchad. C'est en 1964, à l'âge de 15 ans, que la jeune fille, qui allait à l'école, rencontra l'homme.

Ce fut le coup de foudre pour celui-là qui donna ordre à ses gardes de séquestrer la fille dont les parents n'osaient pas refuser la demande en mariage de ce chef d'état-major de l'armée. Ils eurent sept enfants et pendant tout ce temps, Catherine Bokassa vivait comme en résidence surveillée, ne sortant que sur autorisation du mari qui était jaloux même du chauffeur qui transportait son épouse. Selon Diane Ducret, leur fils Georges (228) racontait que son père surveillait tous les hommes qui se trouvaient dans la sphère de sa femme, y compris ses propres enfants ; il affirme avoir été lui-même mis sous écoute par son père. Dans le palais, les résidences différaient, à côté de celle du patron, on trouvait la maison de Catherine non loin de laquelle se juxtaposaient celles des autres épouses et compagnes auprès desquelles la visite du mari ou de l'amant empereur dépendait de ses désirs.

Cet homme, qui avait épousé Catherine à la suite de huit liaisons officielles, sans oublier les autres, avait décidé d'aller à son intronisation comme empereur avec une autre femme, puisque Catherine s'opposait à ses folies. Bokassa choisit alors une Roumaine, Gabriella Drimbi, qui, d'après le travail des services de contrôle, se révéla être la maîtresse de trois hommes qui furent aussitôt exécutés sur ordre du chef. Lors de la cérémonie d'intronisation le 4 décembre 1977 devant 3500 étrangers venus de 43 pays et 3000 Centrafricains, 240 tonnes de nourriture avaient été préparées. Jean Bedel Bokassa avait imité l'intronisation de Napoléon Bonaparte de France jusqu'aux moindres détails, fête qui eut lieu le 2 décembre 1804. Pour cette raison, Catherine fut forcée d'agir comme le fit Joséphine Bonaparte, en répétant ses gestes ; elle s'agenouilla devant son mari, et le nouvel empereur de Centrafrique lui posa le diadème sur la tête.

En observant tous ces incidents malheureux, pour Catherine bien sûr, lot de souffrances qui ne représentent qu'une infime partie de ce que cette femme innocente a enduré, on a le sentiment que c'est l'une des plus graves violences faites aux femmes : enlèvement, mariage forcé, emprisonnement dans le luxe, privation de mobilité, obligation d'agir malgré soi. La vie sentimentale de Bokassa donne plusieurs images et deux d'entre elles se résument à l'amant névrosé, au mari fou. Il a traité ses femmes sans considération aucune, comme des bêtes de somme ou des jouets. Le comble pour ces dames a été la rivalité atroce qu'elles entretenaient et la haine réciproque qu'elles se vouaient tout bêtement. Aucune d'entre elles n'était responsable des peines auxquelles elles étaient soumises. Elles étaient toutes victimes des caprices maléfiques d'un homme ; en se combattant, elles se transformaient mutuellement en sur-victimes sans s'en rendre compte.

V-2- Femmes et homme ailleurs

D'habitude, les adolescents et les jeunes adultes vaquent à des occupations ignorées de leurs parents et généralement interdites. Le récit qui va suivre provient d'une aventure qu'une jeune fille nommée Zaza, qui a été une fois entraînée par ses camarades dans une ballade mémorable, nous a expliquée. Las d'effectuer des allers retours quotidiens entre l'école et le domicile sans trouver d'enseignant pour cause de grève, le seul homme du groupe, le meneur, invita ses copines de classe à l'accompagner. Il leur précisa qu'elles verraient des pratiques inhabituelles dans la distraction.

Dans une vaste propriété retirée en zone d'extension du village, se trouvait une foule composée de jeunes hommes et femmes, disciplinés et silencieux, tous assis à même le sol. Après plus d'une heure d'attente, quelqu'un sortit d'une pièce, majestueusement habillé, on dirait un roi d'antan, suivi de sept jeunes femmes aussi belles et chèrement habillées les unes que les autres. Ce qui est incompréhensible, c'est que le « monsieur des belles dames », celui que l'on peut considérer comme leur mari, n'avait rien d'attrayant. Ses deux yeux rougis au milieu d'une figure aux traits tirés le rendaient répugnant. Le regard dur et effrayant laissait transparaître un désir de domination derrière une peur rejetée, mais récidiviste d'un passé laconique ou d'un futur incertain. On percevait le doute sinon le manque de confiance qui lui imposait le besoin d'être un homme fort, de compléter sa personnalité ; aussi se redressait-il fréquemment, jetant des coups d'œil de gauche à droite. Il remuait les épaules et simultanément, les deux bouts de narines semblaient bouger comme en synergie. Peut-être en était-il conscient, peut-être lançait-il un message à ses gens à lui, qui sait ? Cette adresse gestuelle, contrôlable ou non, pouvait être lue comme une force ajoutée au taux insuffisant de charisme et d'autorité.

L'homme ''fort'' s'assit dans un grand siège et fit signe à sa suite féminine de s'installer ; sans précision aucune, chacune prit une place autour du monsieur, comme si elles avaient déjà répété la scène et maîtrisé les rôles. On nota qu'au même moment, le groupe de visiteurs d'en face ne reçut aucun ordre, mais se mit à ramper à quatre pattes, tels des animaux, pour glorifier l'homme et sa troupe féminine, ses épouses, apprit-on plus tard. Lorsqu'aucun des rampants ne trouvait plus d'espace pour arriver devant le chef, ce dernier les félicita et leur fit signe de se lever. Il procéda à un semblant de sermon de quelques minutes, relayé par des louanges de jeunes hommes et femmes envers lui, ses femmes, ses enfants ; cette partie fut clôturée de sons de tam-tam et de chants. La fête ne manque pas de charme parce que, toujours selon celle qui raconte, le *patriarche* montrait un réel plaisir à regarder la scène, de petits pas de danse de femmes suivis de ceux de jeunes hommes, un peu en retrait. Lorsqu'on sentit le rythme s'accentuer, *l'homme*, l'unique, se leva, effectua quelques pas lents et combinés avant de faire injonction à ses femmes de le suivre dans ses mouvements.

De tels faits laissent indifférentes des femmes et pourraient même leur plaire. Cependant, à quelque niveau que ce soit, on n'a pas besoin d'un niveau d'études poussées pour analyser ce genre de situation. Il suffit simplement de voir ou d'entendre pour apprécier ; on dirait qu'une femme est un gadget dont on peut se servir à toutes fins utiles et inutiles. La scène qui vient d'être décrite, si elle se perpétue, sera un des freins vers l'autonomisation des femmes et le développement durable ; ces dernières, pour la plupart, ont pourtant l'air d'y croire. Sans remarquer le manque d'autorité réelle dont le monsieur faisait preuve, car on est déçu, dépité. D'habitude, le genre de femmes qui s'approchent d'hommes vraiment forts mettent la force physique et caractérielle sur la liste de leurs critères. Ces dames, en général, recherchent des hommes vraisemblablement imposants sur tous les plans et ces derniers s'y attellent. En retour, elles préfèrent recevoir des ordres qu'elles s'empressent d'exécuter pour se sentir partenaires de leur homme, parfois un « vilain » psycho-social qui profite de la misère, mais aussi de la cupidité de ces dernières.

Ce qui désole et attriste, c'est que ces femmes n'ont aucune conscience de leur valeur humaine intrinsèque qui leur permet de développer un savoir-faire qui puisse les rendre capables de travailler, de produire pour s'en sortir et assurer leur propre bien-être. Gare à leurs sœurs ou concitoyennes qui leur parleraient de droits de la femme et d'autonomisation. On dirait que certaines femmes trouvent du plaisir à se laisser diriger injustement et malmener par vice. D'autres se plient au bon vouloir des hommes, moyennant des biens matériels, une ascension sociale. Parallèlement, d'autres sont simplement à la poursuite d'hommes célèbres, pensant devenir célèbres à leur tour par le biais de telles liaisons qui souvent se révèlent dangereuses ou vaines.

CHAPITRE VI

ECOLOGIE ET DETTE DANS LA GÉOPOLITIQUE

L'ensemble des difficultés liées à l'environnement dans lequel nous vivons comme la pollution, l'effet de serre, la surexploitation des ressources naturelles résultent des décisions politiques et des contextes étatiques. De ce fait, les solutions ne sauraient être trouvées que par ces mêmes acteurs qui dirigent le monde directement ou indirectement. Malheureusement, ceux qui souffrent le plus de ces méfaits demeurent les personnes les plus démunies, qui sont en général loin de comprendre la réalité.

Parallèlement à ces problèmes écologiques, la mobilisation des combattants qui prônent un rassemblement de grandes entités régionales se heurte à la réalité politique qui désire se maintenir telle quelle. Certes, un dérèglement des rapports de force existe, dû à la montée de la Chine et aussi de l'Inde, mais le Nord qui englobe l'Amérique et l'Union européenne commande toujours le Sud ou le tiers-monde.

VI-1-L'ECOLOGIE GLOBALE

Ce sont plutôt les enjeux de pouvoir personnel, de leadership et encore de puissance économique qui commandent la construction et l'exploitation de sites nucléaires, d'usines dégageant des produits toxiques et d'autoroutes qui multiplient le nombre de voitures qui traversent les régions et y apportent plus de pollution.

a- Effet des technologies innovantes sur l'écologie

Vu les difficultés économiques auxquelles beaucoup de populations sont confrontées dans le monde, il est utile que des citoyens cherchent à produire et à consommer à moindre coût. Il s'agit alors de chercher le développement tout en préservant l'environnement qui est directement affecté par le changement climatique en partie causé par la mauvaise utilisation ou la surexploitation des ressources, parmi lesquelles beaucoup ne se renouvellent pas. Cet usage abusif et non discipliné des ressources provoque des émissions de dioxyde de carbone nuisible aux êtres animés ou non. L'expression *énergie renouvelable* est un concept qui fait référence aux énergies provenant de sources intarissables. En effet, les panneaux solaires gardent ce qu'ils ramassent, comme dans une banque, pour le servir après comme énergie solaire ; le vent procure l'éolienne, l'eau des fleuves, des rivières, des lacs, des barrages et autres cours d'eau produit l'hydraulique qui permet d'espérer la pratique de l'utilisation de voitures hydrogènes et au biocarburant.

L'énergie verte repose sur les plantes et les arbres dont il faut augmenter le nombre, la qualité et maintenir le bon usage après avoir étudié les tenants et les aboutissants. C'est ainsi que les femmes doivent être impliquées au premier chef, elles qui effectuent le plus grand nombre de tâches domestiques, mais aussi encadrent les enfants. Il leur revient d'orienter ces derniers vers la conscience du gaspillage de l'énergie, la préservation des ressources auxquelles ils ont accès telles que l'eau, l'électricité, les arbres.

L'exploitation abusive des puits de pétrole a créé leur tarissement à certains endroits et leur apparition ailleurs en grande quantité provoque la baisse des prix et un déséquilibre économique mondial. Ce phénomène vient s'ajouter à la destruction de l'environnement par les déchets toxiques et les marées noires, une option vers des énergies qui ne finissent pas et moins nuisibles, « propres », telles que l'eau et le soleil, s'impose. Il demeure important, plutôt obligatoire de s'assurer de l'autosuffisance en énergie propre ; par rapport au solaire, les résultats ne sont pas encore probants. L'énergie hydraulique pourrait aussi nous accompagner et on devrait par exemple s'appuyer sur ces deux levains.

Au Niger, à l'occasion de la rentrée des classes 20015/2016, la ministre chargée de l'enseignement secondaire encouragea les élèves, garçons et filles, à reboiser les écoles, les pourtours et tout le pays. Pour donner l'exemple, non seulement elle a publiquement planté son arbre, mais elle en a profité pour remettre des fournitures aux apprenants. Chacun a reçu une plante et le slogan « Un élève un arbre » fut lancé pour que la population se l'approprie progressivement. La motivation est forte, d'autant plus que Madame la ministre explique et exige l'entretien des arbres qui, plus tard, selon elle, donneront l'occasion à chaque planteur de revenir avec sa famille pour dire : « Ceci est mon arbre, je l'avais planté tel jour en telle année ».

Le taux de natalité est très élevé en Afrique et principalement au Niger où l'on remarque un rythme de 7,6 % d'enfants par femme, le plus élevé au monde en 2015. Ainsi, avec les aléas climatiques et les attaques répétées des terroristes qui se disent jihadistes, on voit pointer l'insécurité alimentaire à l'horizon. Il s'y ajoute, comme par malédiction, les difficultés d'accès à l'eau, à la santé, l'insuffisance des infrastructures et tout cela combiné à la mal gouvernance qui sévit en Afrique. Dans un tel contexte, il convient de se demander pourquoi l'on ne se focalise pas sur l'éducation des femmes, par rapport à l'espacement des naissances.

Mieux, on doit avoir comme vision l'alphabétisation et la formation de ces dernières en les dotant de compétences de lecture, d'écriture et de compréhension de petits messages simples et d'opérations en calcul, en plus des mécanismes de transformation et de production de ce dont elles ont besoin pour elles et leurs familles. On le sait, leur scolarisation est difficilement réalisable pour des raisons d'âge, de culture et de contexte géopolitique, et donc on se contentera des suggestions semblables à celles citées plus haut.

En septembre 2015 au Sénégal, les femmes de la région de Kaffrine ont eu des résultats tangibles dans les champs. Quel plaisir de les voir à l'œuvre ! Un bon hivernage aidant, la campagne complètement reverdie attire plus d'un. Des rangées de cultures donnent un sentiment de clarté, d'organisation dans l'ordre et de progression naturelle du fait de la différence de taille et de forme dans les plantes. Le beau temps qui succède à la pluie agit sur l'herbe verte qui s'étend à perte de vue, vous donnant l'envie de ne plus quitter l'endroit. Devinez le panorama s'il s'y ajoute que des femmes sont venues, elles aussi, tout de vert vêtues, pour accomplir un geste de reboisement, une enfouissant une plante dans le sol, aidée par une autre qui, des deux mains, rassemble la terre tout autour de la bouture. La symbolique de ces gestes et couleurs, et principalement de cet environnement, pourrait sans nul doute résider dans le fait de l'engagement personnel, l'esprit de collaboration, l'action communautaire, le travail efficient, valeurs qui tournent autour de la sauvegarde de l'environnement.

Le développement durable dont il est question ne saurait se réaliser sans que les femmes ne sortent des carcans traditionnels que sont les seuls travaux champêtres, les tâches domestiques ou les emplois journaliers dans des usines telles que celles de transformation de poisson, de légumes et de fruits. Malgré la réticence de certains

Africains qui récusent l'idée que l'Occident n'a pas le droit de rejeter l'utilisation du charbon pour le développement de l'Afrique, cette forme d'énergie représente un fléau. Le bien-être et la concorde mondiale exigent le recours à des énergies moins polluantes, à défaut de ne pas l'être du tout, et, surtout, facilement renouvelables.

b- Dette écologique

La *dette écologique*, concept qui apparaît en 1990, peut se traduire par le préjudice que des générations données portent à d'autres générations dans le temps, dans l'espace et sur terre en ce qui concerne la surexploitation des ressources naturelles. Ces ressources s'avèrent difficilement ou pas du tout renouvelables et cet état de fait amène les observateurs à souligner la responsabilité socio-environnementale des pollueurs. Vu l'exploitation excessive des ressources, on assiste dès lors à la naissance d'un champ lexical qui contient des termes jadis spécifiques à l'économie et qui se retrouvent maintenant dans le domaine de l'écologie.

C'est ainsi que les écologistes usent de concepts tels que la dette, le remboursement, la justice et la solidarité à partir de la dernière décennie du XXème siècle, à la conférence de Rio par exemple. Les ressources minérales, halieutiques, forestières, la surexploitation économique des terres et autres biens communs naturels que l'on nomme « passif environnemental» englobent aussi l'action des politiques sur la société à travers l'armement, la santé, l'alimentation et le partage inégal de la terre .On assiste à un pillage autorisé et inconsidéré des ressources vitales. C'est un secret de Polichinelle que de dire que les émissions de gaz affectent la couche d'ozone et détruisent le climat.

Ce qui résulte des actes nuisibles à l'environnement c'est l'apparition de tensions ethniques et raciales découlant de l'injustice sociale dans le partage du pouvoir économique, du savoir et de la culture. Dès lors, il s'avère nécessaire une prise en compte de la diversité ethnico-culturelle pour agir sur le social à l'intérieur des pays, à travers le monde d'une manière générale. Cependant, c'est dans les pays du Sud que ce besoin se fait sentir le plus; ils ont été et sont toujours victimes de l'exploitation à outrance, par le Nord, des ressources naturelles non renouvelables. Pour cette raison, les pays pauvres ne bénéficient pas de ces ressources abondantes que toute l'humanité aurait pu se partager.

Partant du fait qu'il est difficile de prouver les cas d'imitation dans la fabrication de produits dans l'économie mondiale, il semble presque inutile de combattre le phénomène. Des narcotrafiquants éjectent leur argent dans le marché des affaires sous forme de blanchiment, ce qui ne fait que plomber des produits à grande valeur ajoutée technologique et pécuniaire, comme les parebrises à très grande sécurité. Ce genre d'industrie nécessite un plateau technique sophistiqué et coûteux. On dirait qu'on vit une nouvelle forme de crise économique organisée cette fois, contre laquelle des mesures sont prises par les pays du Nord. Malheureusement, le refuge est vite trouvé, ce sont les régions du Sud qui accueillent la pacotille et aident à leur fabrication, à la multiplication de produits contrefaits.

Le changement climatique peut entraîner le développement des maladies et la croissance du taux de mortalité, du fait des conséquences des sècheresses comme le manque de produits agricoles. Les inondations provoquées par les changements brutaux et désordonnés du climat mélangent les eaux sales et les eaux potables. L'air pollué contamine les aliments et les organes physiques chez les êtres humains. Des médicaments sont imités comme en Chine, au Brésil, en Inde et déversés dans les rues et les marchés locaux des pays pauvres, puis vendus à bas prix. Ce à quoi nous avons droit, c'est qu'en plus des maladies dont ils souffrent, les gens risquent d'attraper d'autres plus graves. Au plan économique, les pharmaciens et les États restent perdants et cela se répercute évidemment sur les finances publiques. D'autres sortes de produits de consommation subissent également le même sort ; on peut en citer les appareils téléphoniques, les ordinateurs, le vin, les parfums, les sacs, les chaussures, les montres, les bijoux, la vaisselle et la liste est loin d'être exhaustive.

Malheureusement, la force consumériste étant composée de citoyens dont le pouvoir d'achat est faible, beaucoup de personnes raffolent de ce genre de marchandises. De plus, il s'avère souvent difficile d'identifier ce qui est authentique, sauf après une période d'utilisation. Là où les moyens sont limités, les conditions de vie difficiles ont réduit les exigences, aussi la tendance est-elle à la recherche du moindre coût, bien qu'on connaisse la dangerosité de la contrefaçon. En Chine, 30% des produits imités sont exportés et la ressource provient du braconnage pour bon nombre de choses telles que le croco pour les sacs et l'ivoire pour les bijoux. On assiste à une augmentation du volume d'ordures, du fait de la mauvaise qualité des produits qui se gâtent vite et les gens ne sont presque pas formés au système de tri et de recyclage des objets.

Du fait des pays riches, c'est un préjudice qui est subi par les pays les moins avancés qui risquent de demeurer dans cet état de retard sur beaucoup de plans et en particulier sur les capacités de développement personnel de la femme. Puisque c'est sur les épaules de cette dernière que reposent le poids socioéconomique et ses conséquences sur l'homme, l'enfant et aussi les personnes âgées. Celle-là a tout intérêt à ouvrir les yeux, à faire preuve de discernement et surtout de volonté d'aller de l'avant par le travail dans plusieurs domaines clés de l'économie, tels que l'éducation, la santé et l'autosuffisance alimentaire. Elle a le devoir de s'éduquer et d'éduquer ceux qui l'entourent pour s'en sortir. Son rôle devient de plus en plus multiforme et multisectoriel parce qu'il est central et transversal.

La réussite sociale du mari, du fils, de la fille sont tributaires de la manière dont la femme, la mère ou la grande sœur se comporte et gère les siens. Bien entendu, elle ne saurait rien réussir sans l'adhésion et la participation constructive de ces derniers. Le schéma dessiné est un cercle dont le diamètre est la femme qui envoie ses rayons que sont tous les autres membres de la famille et la voie sociale qu'ils suivent pour produire le cercle que sont la vie, le monde. On acquiert ici une autre mondialisation confectionnée en interrelation entre la femme qui est le nombril ou le point de départ et le reste de la société.

Des cultures diverses et variées présentent l'agriculture comme première source de revenus des femmes et elle se retrouve freinée par les cultures d'exportation qui s'effectuent à grande échelle, utilisant trop d'engrais à action trop efficace pouvant détruire les terres fertiles. La biodiversité rencontre un obstacle dans l'industrie agro-alimentaire et l'industrie pharmaceutique qui piratent les connaissances traditionnelles sur les plantes souvent détenues et exploitées par les femmes du Sud, guérisseuses et gardiennes de temples. De plus, les déchets souvent toxiques de ces productions, voire surproductions du Nord, sont déversés dans les régions pauvres, souvent en mer, provoquant des dégâts énormes sur l'écosystème, sur l'environnement tout court.

Les disparités économiques sont en partie causées par les *inégalités écologiques*, termes qui se sont imposés au sommet de Johannesburg en 2002. Une telle notion vise la prise en compte de la sauvegarde de l'environnement afin qu'aucune zone géographique, ni aucune génération ne soit lésée dans la poursuite du développement durable, d'après Fabrice Flipo, chercheur à l'Université Paris 7 (Diderot

2012). Pour tout ce mal qui a déjà été fait, l'ONU a organisé une conférence sur les changements climatiques intitulée COP 21 en novembre – décembre 2015 à Paris. Les représentants de 195 pays ont débattu du réchauffement climatique dû aux émissions de gaz à effet de serre, des conséquences fâcheuses, dérèglement et risque pour l'humanité. Il a été convenu de l'urgence de sauver la planète en diminuant l'exploitation abusive des ressources naturelles dans les gisements de pétrole et dans les forêts par les multinationales, les entreprises régionales et locales. On verra ce qui se passera avec la prochaine COP.

L'Afrique en développement ne devrait pas s'industrialiser par le carbone, pour ainsi dire, jeter de l'huile sur le feu. Si, actuellement, ce continent est en train de subir les conséquences des mauvais comportements économiques des pays riches vis-à-vis de la nature, la biosphère et la biodiversité, elle ne doit pas changer de camp, devenir grande pollueuse à son tour. Il faut qu'elle reste dans la solution et que cela ne devienne un problème de plus. Le continent africain pourrait parvenir à l'autosuffisance alimentaire en combattant la sècheresse par l'irrigation des sols. Puisque les pluies tombent désormais de façon inattendue et qu'elles sont décalées dans le temps, en déversant trop d'eau en un temps réduit, les inondations s'invitent aux défis à relever. Ce fut le cas de l'Inde pendant les derniers mois de l'année 2015.

Le charbon (CO2) est le premier responsable du réchauffement. Selon le président français François Hollande, on a besoin de 100 milliards de dollars pour préserver l'environnement. Contrairement à ces recherches de solutions, un pays comme la Hollande dispose de réserves de charbon pour les 150 ans à venir et il ne compte pas y renoncer. On comprend cette attitude, car les raisons sont économiques, mais touchent aussi à la souveraineté et au positionnement géopolitique, bien que beaucoup de grandes banques occidentales aient décidé de ne plus investir dans le charbon.

Les pays sahéliens sont les plus frappés par les conséquences du changement climatique ; c'est pourquoi les réfugiés économiques sont rejoints par les réfugiés climatiques puisqu'ils sont liés par la précarité des conditions de vie, lesquelles se trouvent interdépendantes. Ce qui est à déplorer, c'est que certains climato-sceptiques balayent d'un revers de main les craintes des écologistes, étant seulement braqués sur la marche de l'économie et ce, à tout prix. Rappelons que Bertrand de Jouvenel a contribué à la pensée écologique dans son article « La terre est petite » (1968). La question de la justice climatique, on le pense, est maintenant ancrée dans la tête de beaucoup de personnes et permettra de sensibiliser sur le fait que l'Homme est le principal responsable du réchauffement climatique et cela mènera à l'augmentation de la chaleur et de la fonte des glaces si l'on ne change pas de cap.

L'espoir est permis quant à la volonté intéressée des pays développés qui, maintenant, ont décidé de réduire leur quantité de pollution. L'Espagne se tourne vers l'énergie solaire et décide de faire payer des taxes aux citoyens qui sont contre la décision, tout en acceptant cette forme d'énergie. En Allemagne, le programme européen dénommé *Copernicus* envoie des fusées qui jouent le rôle de sentinelles à des milliers de kilomètres dans l'espace. Le but est de contrôler les émissions de dioxyde de carbone et de mesurer le degré ; en fait, la COP 21 a pour objectif de limiter le réchauffement global à 1,5 degré.

c- Les moyens de transport

Au niveau mondial, des décisions ont été prises pour diminuer l'utilisation des produits pétroliers au profit des ressources telles que l'éolienne et l'énergie solaire. Cela a donné naissance au concept d'Ecomobilité qui prône l'utilisation des moyens de transport au maximum afin de diminuer et la consommation d'énergie et la pollution. On espère aussi, de cette manière, réduire les pétro-conflits qui empêchent de réaliser la paix mondiale. Cependant, il faudrait d'abord que l'on se penchât sur l'existence réelle et efficiente, dans toutes les régions du monde, de moyens de transport dignes de ce nom.

En Afrique, et particulièrement au Sénégal, les charrettes ou voiturettes en bois avec des supports en fer, non couvertes, tirées par un cheval ou deux ânes, deux ou une planche en bois servant de siège aux passagers, transportent les populations. Après ou avant, c'est le tour des ordures qu'elles jettent n'importe où dans la cité ; elles sont aussi et surtout sollicitées pour distribuer les produits alimentaires sans que personne ne soit inquiété par l'absurdité et en même temps la gravité du phénomène. Dans les régions les plus démunies du monde, les attelages d'animaux comme le cheval et l'âne ont aidé et aident encore à résorber le déficit en moyens de locomotion. Les chemins de terre, les pistes dépassent de loin les routes goudronnées qui, à chaque saison des pluies, subissent des dégâts dus au manque de sérieux dans le travail. Le matériel de construction n'est souvent pas de qualité et les hommes d'affaires qui gagnent les marchés ne sont pas toujours les hommes qu'il faut. Par conséquent, les femmes se tournent vers les charrettes.

En cas d'urgence, pour pallier l'absence d'ambulance, les femmes malades sont amenées en charrette vers le poste de santé le plus proche et parfois même à l'aide d'un hamac porté par deux hommes. Ce sont aussi ces moyens qui ont souvent rendu possible l'acheminement des marchandises dans les''*Luma*'' ou marchés hebdomadaires itinérants. Les récoltes d'arachide, en particulier, sont distribuées de la sorte, vu le peu de pouvoir économique dont dispose la majorité des femmes ; le commerce local est donc tributaire de ces moyens de transport. En ville, les charrettes ont fait leur irruption depuis belle lurette et n'eût–été la main forte prêtée par ces voiturettes conduite par de jeunes garçons victimes de l'exode rural, beaucoup de questions de transport de produits n'auraient trouvé de réponses. La non collecte des ordures ménagères que nous connaissons malheureusement maintenant amène les charretiers ramasseurs à déverser leurs charges le long des rues, sur les grandes artères. A la mauvaise prise en charge des déchets par les autorités dirigeantes, les populations réagissent par dépit et font ce que bon leur semble.

Le ramasseur d'ordures venu de la campagne où il y a moins d'exigences qu'en ville n'a en tête que son gagne-pain, vaille que vaille. Ce qui s'ensuit, c'est l'insouciance, le non-respect des règles, les ordures rassemblées moyennant une petite somme de la part de chaque ménage sont jetées là où l'on trouve un espace non surveillé. Ce sont les mêmes charrettes qui se chargent de livrer les produits alimentaires aux grossistes et aux détaillants auprès desquels vont se rendre les femmes et leur personnel domestique, si toutefois elles en ont les moyens pour s'approvisionner.

VI-2- Géopolitique et écosociété

De nos jours, la tendance sociopolitique mondiale résulte en plusieurs tentatives de doubler celle ou celui qui semble être le moins intelligent ou le plus négligeant dans le domaine concerné ; la raison est tout juste de lui soutirer plus de biens économiques. Plusieurs subterfuges sont essayés et souvent on se rend compte que malheureusement ils fonctionnent et ce, au détriment du plus grand nombre. Les inégalités s'accentuent dans les pays pauvres appelés de façon plus respectueuse pays émergents, mais aussi ailleurs dans des pays développés.

A cet égard, on remarque qu'en Occident, des personnes qui disposent d'un toit, sont devenues tellement démunies du fait de la baisse du pouvoir d'achat qu'elles se joignent aux « sans domicile fixe » pour pouvoir se nourrir. Elles profitent des repas offerts gratuitement à ces derniers par des structures sociales et des bienfaiteurs.

a- Sectéconomie et intégrisme religieux

Pour répondre à certaines questions de survie, les gens se tournent vers les sectes qui prennent le prétexte de la religion pour leurrer, truander et profiter des femmes. Ces dernières sont utilisées en grand nombre par un seul homme dans un groupe, si elles ne sont pas tout simplement des maîtressés échangeables par quelques hommes. Parfois, pour garder la main mise sur d'autres hommes, des dirigeants de sectes leur donnent gratuitement des filles en mariage, au cours de rituels. Pour d'autres associations ou regroupements, c'est le culte de l'homosexualité, des hommes disposent d'autres hommes et des femmes d'autres femmes dans de bonnes conditions d'assistance économiques et financières, selon la force du lobby, qu'il soit industriel, intellectuel, politique ou religieux. La promesse et même l'assurance de voyage, de travail et de fortune ratent rarement leur cible.

De plus en plus en Afrique et dans le monde, on assiste à l'émergence d'églises et de lieux de culte d'un autre genre, mais aussi d'édifices qui abritent les adhérents construits avec beaucoup d'argent, sans qu'on ne sache à qui cela appartient. Ce qui peut être confirmé c'est que les populations environnantes, emballées par des femmes formées pour la cause, sont les premières à être intégrées. Des gens y vont, quelle que soit leur confession d'origine, religions révélées ou non, et suivent les prêches et aussi les directives de pasteurs bizarres et riches, assistés de personnes de tous âges et de toute nature. Ces derniers font le tour des quartiers pour recruter à leur tour, prêchant par la promesse d'une vie meilleure avec emploi et santé, sans oublier le grand amour, auprès d'autres victimes. Les jeunes et les femmes demeurent les cibles privilégiées dans un cercle fermé après adhésion. Les voisins ne peuvent qu'imaginer ce qui s'y passe, comment et pourquoi, impuissants.

Néanmoins, des tentatives de dénonciations ont eu lieu, sans suite, on ignore les raisons. Les faits ne représentent plus un secret pour beaucoup parce qu'aux alentours des lieux de rencontre, les chants, le bruit de la musique et des tam-tams résonnent à quelques mètres. Mais, dès que la porte du bâtiment s'ouvre, des yeux indiscrets s'aperçoivent de la bonne ambiance à l'intérieur, la boisson qui circule et le mouvement des gens. Cependant, des détails échappent aux plus vigilants des mortels, car cette porte est vite fermée et personne ne raconte à la sortie. Naturellement, ce sont des voitures de luxe que l'on aperçoit, garées non loin de l'endroit, et des témoignages font état de femmes qui s'échappent de leur domicile ou lieu de travail pour s'y introduire discrètement. D'autres personnes renforcent ces soupçons en soutenant que le défilé des femmes se répète toute la journée dans certaines cités ; elles se couvrent la tête et le visage et s'introduisent en vitesse à l'intérieur des temples mystérieux.

N'est-il pas temps, pour les femmes les plus averties, de travailler à dévoiler, prudemment bien sûr, les secrets de ces nouvelles formes de religieux et religions afin de sauver des jeunes et des femmes de ces imposteurs. Qu'on ne nous parle pas de liberté d'association ou de culte ; la liberté s'arrêtant là où commence celle des autres, il est du devoir des autorités, des parents et des amis d'assister des personnes qui sont en train d'être déviées pour satisfaire les intérêts particuliers d'une minorité qui se cache. Ces personnes vulnérables, des femmes et des jeunes qui ont probablement des inquiétudes sur les plans sentimental et économique, pourraient facilement devenir la proie de gens mal intentionnés ; l'un des risques est qu'on va abuser d'eux physiquement et économiquement, en leur soutirant le minimum de revenus qu'ils glanent çà et là.

On peut aisément deviner qu'une contribution est exigée des participants, sachant qu'aucune organisation ne peut fonctionner sans financement. Le danger résulte alors dans le fait que des jeunes seront poussés à prendre ce qui ne leur appartient pas, qu'un agent peut détourner de l'argent de son lieu de travail, qu'une femme peut priver sa famille de la dépense quotidienne pour cotiser. De ce point de vue, les femmes contribuent plus généreusement, elles qui bénéficient d'une grande confiance de la part de la communauté tout comme dans le milieu familial. Qu'elles soient leaders ou non, elles jouissent d'une plus grande visibilité quant à la collecte de fonds. Pour toutes ces raisons, elles sont visées par les sectes et une partie d'entre elles, les femmes, conscientes du fait, ont le devoir de fouiner dans ce mélange de confessions et de profits pour éclairer et protéger leurs sœurs, leurs frères, leurs enfants et aussi leurs maris.

Il est écœurant de constater que les États et les autorités, pour certains, sont au courant des agissements de ces sectes et se taisent. Assurément, les terrains et les maisons leur sont vendus ou loués et les actes sont validés par des documents et des autorisations de construire ou de transformer. Si les gouvernants ne régulent pas le jeu socioreligieux, dans la paix et la légalité, les regroupements de femmes et de quartier, les doyennes des localités ont des démarches à mener pour le bien des communautés.

Au Nigeria, des filles ont été enlevées par un groupe qui se dit jihadistes « BokoHaram » près de leur lycée et emmenées dans des endroits difficilement repérables et cela s'est répété. Ces jeunes femmes, presque des enfants, se retrouvent entre les mains de ces hommes ignobles, indignes, sans humanité, obligées de se convertir à l'islam et menacées d'être vendues. On craint qu'elles soient violées ou au moins utilisées comme esclaves sexuelles et épouses par des hommes de mauvaise foi. Agées entre 13 ans et 18 ans, ces lycéennes laissent derrière elles des parents, des enseignants, des amis et des voisins dont le cœur est brisé, sans aucune lueur d'espoir de les revoir vivantes. Ces voleurs de femmes se comportent en lâches, mais surtout en poltrons qui donnent la preuve qu'ils n'ont pas le courage de leurs idées et que ces mêmes idées ne sont que de vaines tentatives de gagner des biens terrestres et des plaisirs physiques.

Bien que cette souffrance provoquée par ces faux combattants perdure et inquiète, le jour-j est sur leur chemin, si l'on observe la colère des populations qui se laïcisent et se mondialisent. Ces malfaiteurs, assassins et coupeurs de route se drapent de la doctrine musulmane pour faire mal et agir pour leur propre compte en se liguant avec d'autres bandits de la religion comme ceux qui se réclament de *l'Etat Islamique au Levant et au Moyen-Orient*.

De plus, les coercitions environnementales dues au changement climatique, la sècheresse et la désertification, les aléas économiques et sociaux ont causé le retour de la femme à la résurgence du fondamentalisme religieux, entravant l'émancipation et le développement personnel de celle-là. Il est indiscutable que des formes de libertés réclamées par une catégorie d'entre elles s'apparentent au libertinisme qui ne saurait être accepté par une partie croyante de la société. Pourtant, le besoin de plus de pouvoir de décisions et d'action existe, considérant que, sans doute, la femme est victime de maltraitance, de discrimination par de soi-disant religieux qui les agressent et assassinent parfois pour des banalités.

Selon Claude Langlois (1984), depuis le XVIIIème siècle, les femmes pratiquent plus la religion que les hommes, mais la plupart d'entre elles réclament le droit à la contraception et à l'avortement, là où l'islam et le christianisme optent pour des procèdes naturels dans ce sens afin d'éviter les dérapages. La généralisation de ces formes de libertés pourrait déboucher sur le simple jeu avec la sexualité, au grand dam des femmes.

La possibilité de devenir pasteure en 1966 en France, suivie par celle d'être prêtre en Angleterre, fut une révolution, mais la première femme rabbin en France démissionna peu après sa nomination. Chez les animistes les plus connus comme dans les autres religions, la femme participe aux cérémonies rituelles mais ne doit pas tuer les animaux sacrifiés. Dans le judaïsme, le *Talmud* se prononce ainsi : « Mieux vaut brûler la Torah que de la confier à une femme ». On trouve dans des cas des explications comme la souillure que présentent les menstrues et le sperme chez les femmes, pour les empêcher de s'approcher des autels et des lieux de sacrifices, de chasse et de guerre. Le christianisme se réfère à l'infériorité au plan physique et aussi mental. La déesse est représentée par une prêtresse chez les Grecs et cette femme doit être choisie avant la puberté ou après la ménopause, sinon elle est obligée de s'abstenir de toute relation sexuelle dans la période de pratique. En Afrique, les marabouts sont généralement des hommes, mais en Afrique du Nord, ce sont surtout des femmes qui se comportent comme détentrices du pouvoir entre le divin et l'humain.

b- Ecosociété et pouvoir politique : participation de la femme à la marche de la cité

L'économie fut très favorable au lendemain de la Deuxième Guerre mondiale avec la reprise de l'économie, l'importation de produits de luxe par le colon en Afrique par le biais du transport ferroviaire et cela a amélioré le niveau de vie. Il s'y était ajouté une éducation de qualité par la formation des enseignants, et une rigueur dans la gestion des établissements scolaires. Ce qu'on pouvait déplorer fut la non implication de beaucoup de femmes. Pour ce qui a trait à l'écoféminisme et à l'écosystème, nous l'avons déjà vu, ils se confondent dans la lutte pour le mieux-vivre ensemble, pour ne pas imiter Bertrand Jouvenel, le philosophe. Les modes de vie subirent des changements positifs progressifs, ne serait-ce que dans la consommation de produits du terroir.

S'agissant de l'écosystème, chacun peut pousser son frère, son enfant, son voisin, son ami(e), sa sœur, son collègue, son époux à s'occuper de l'environnement. On aiderait à planter un arbre, une plante, à ne pas jeter d'objet en plastique ou en métal, bref à penser au recyclage de ce qui est non biodégradable, on ne parlerait point de réchauffement de la terre. Un recours pour gérer les ordures consiste à enfouir ce qui gêne les populations. Et très souvent, il s'agit de déchets toxiques nuisibles à tout être, mais aussi à la nappe phréatique. Pour lutter contre les émissions de carbone et la pollution atmosphérique, chaque femme est une enseignante.

Polluer ne devrait pas être autorisé, mais l'inégalité des droits de « pollueur » demeure une injustice comme dans l'industrie des brevets par les fabricants de produits pharmaceutiques, au détriment de ceux qui détiennent le savoir traditionnel et qui ont été à la base des recherches. La paix est menacée par la non reconnaissance d'auteurs de savoir-faire, le cas du riz Basmati crée des tensions ; la différence entre les formes de savoir tarde à être correctement prise en compte. Ainsi, l'économie du savoir s'ajoute à la problématique mondiale, la question de l'exploitation du faible par le plus riche à toutes les échelles de la société.

Qu'elle en soit consciente ou non, face à la pollution sonore, la femme est une actrice en tous lieux et devrait agir et non toujours attendre le fil ou la fin des événements pour réagir. Pour le cas de la pollution sonore qui gangrène nos villes dans un pays comme le Sénégal, ce sont les fils et parfois les filles dont les mères et les sœurs habitent dans les alentours qui empêchent les voisins de se reposer ou de dormir tranquillement. Presque chaque jour, dans la plupart des quartiers, un groupe de jeunes, même s'ils sont deux personnes, accroche des haut-parleurs aux arbres, aux poteaux électriques ou par-delà les balcons des immeubles pour répandre de manière inaudible et inintelligible les louanges de leur marabout. Souvent, on les entend user de leur propre voix accompagné de bruit de tam-tam, s'ils ne font pas jouer un enregistrement de chants écoutés dans les cérémonies antérieures.

Dans ces genres de festivités, le tout est agrémenté ou épicé de fumée de cigarettes et de chanvre indien autour de quelques boîtes ou de bouteilles d'alcool au vu et au su des curieux. Les habitants des maisons avoisinantes sentent l'odeur qui se dégage et gare à celui qui oserait s'y opposer. Est-ce que les tantes, les sœurs, ou mères devraient rester indifférentes ? La frange de la population qui représente l'espoir et l'avenir de tout un pays se détruit par ses piliers, ses fondations, ses régulations devant les parents qui assistent en semblant ne rien y comprendre : c'est de la tristesse infinie pour les esprits avertis.

On assiste à l'introduction des femmes dans des métiers jusqu'ici réservés aux seuls hommes tels que la mécanique, l'armée, le nettoiement des rues, le transport en commun, pour ne pas citer le transport aérien, fluvial et ferroviaire, mais aussi spatial. Il existe un consensus depuis la campagne mondiale pour l'éducation de 2011 qui stipule qu'une fille correctement scolarisée, ne serait-ce que dans les cycles fondamentaux, aiderait la famille à éviter les maladies courantes et infectieuses comme le SIDA ou à les réduire de moitié de façon assurée. Les mamans qui ont été sensibilisées à l'importance de l'école, la gravité des maladies et les moyens de s'en prémunir comme la bonne hygiène et les vaccins sont à même de bien s'occuper de leurs enfants.

Les concepts d'éducation et de scolarisation des filles devraient être étoffés par un troisième groupe de mots, l'éducation des mères, elles qui sont sans ambages garantes du développement durable des futurs adultes que sont les enfants. Avec la participation féminine dans l'état civil, les déclarations de naissance se sont multipliées, rôle qui revenait au seul père. Le contrôle des parents, la protection des mineurs, la limitation de l'accès à Internet, vu le danger que représentent certains sites, relève plus de la femme.

Il n'est point question de nier l'autorité partagée par les parents qui organisent la vie de l'enfant, entre le jeu, le travail, les vacances et aussi les punitions. On devrait aussi relater le cas de la femme psychologiquement inapte à s'occuper de son enfant, sans oublier quelques belles-mères jalouses de l'enfant de leur conjoint. On a vu des filles et des garçons maltraités ou ignorés par le substitut de la mère pour des raisons que l'on vient d'évoquer. L'enfant handicapé est généralement pris en charge par les parents mais le gros du travail revient à la maman qui lave, habille, et porte son enfant jusqu'à un certain âge. Nous devons œuvrer à l'émergence d'éco-femmes, c'est-à-dire de citoyennes en mesure de gérer la vie des enfants et des hommes dans un environnement saint et protégé des dérives humaines et naturelles. Cela permettrait de réaliser des actes de sauvegarde du corps humain et de l'environnement en éco-gestes tels que :

-équilibrer la nourriture en connaissant l'importance, les dangers et le rôle des aliments dans le corps humain ;

-manger frais par la consommation de chair bien conservée, dépourvue du mauvais cholestérol et éviter les graisses animales, l'excès de sucre, de sel, mais surtout ne pas se gaver en mangeant modérément, à des heures régulières, sans sauter de repas, et prendre le dîner assez tôt afin de pouvoir digérer avant le coucher ; privilégier les fruits et légumes sans en abuser et les varier ; consommer moins de viande rouge et plus de poisson ou ses dérivés, prendre beaucoup de volaille à la place de la nourriture provenant des bêtes comme les bovins et les caprins ;

-prendre des congés, organiser des pratiques sportives régulières et accessibles à tous, puis diminuer la consommation de l'eau, de la lumière, du papier, des habits et des chaussures pour disposer d'assez d'énergie en cas de besoin ;

- créer des espaces verts chez soi, devant son lieu de travail en propulsant l'idée d'une femme une plante ou un arbre partout, et encourager la plantation d'arbres fruitiers de grande utilité pour se nourrir et éviter certaines maladies ;

- utiliser les transports en commun autant que possible ou se déplacer à pied ou à vélo, ce qui amoindrirait la consommation de carburant et les émissions de gaz en servant d'exercice physique sans contrainte. Il faudrait surveiller les déchets, voir ce qui est recyclable, au lieu de tout jeter partout pour détruire les sols ou laisser du fer dans les machines à broyer les ordures, ce qui provoque un énorme gâchis ;

-cultiver la solidarité entre femmes, en cessant de rivaliser entre voisines, amies et collègues à propos des hommes et des biens et s'atteler à prendre de bonnes initiatives afin d'assurer l'essentiel du rôle de chacune. Dans cette perspective, il est important d'éviter de créer des projets ou des associations sans contenu valable, où les seules femmes qui se font appeler leaders trouvent leur compte au détriment du grand groupe qui généralement ne comprend pas grand-chose et se laisse manipuler ;

-ne surtout pas exclure les hommes des sphère d'activités afin de conjuguer les efforts des uns et des autres en vue d'une synergie des différences et des compétences pour garder le plein sens du genre en axant toutes les démarches sur des résultats réalistes et adéquats sur le moyen et le long terme au profit de l'ensemble de la population ;

-Partager les informations avec ceux qui en ont besoin, en baissant le niveau des explications par des mots simples et courants et illustrer avec des exemples concrets liés à la réalité et au vécu des personnes auxquelles on s'adresse ;

-prendre en compte le legs qui sera laissé aux générations qui suivront et prendront la relève pour ne pas les léser ou nuire à leurs intérêts en épuisant les ressources ou en détruisant les outils de développement tels que les différents cadres de concertations et leviers de gestion des conflits. Il est très important et presque indispensable de signer des traités de partenariat et des actes d'échanges commerciaux sans répercussions négatives sur les économies et l'écologie futures ;

-passer au peigne fin les offres de financements et de prêts afin de ne pas hypothéquer l'avenir par des paiements interminables de dettes qui seront regrettées à cause de taux d'intérêt trop élevés ou de projets qui ont échoué, ou même dont l'argent a été détourné, on ne sait ni par qui, ni à quelle fin.

Comme dans le titre de son ouvrage, *Ecological Identity Becoming a Reflective Environmentalist* (1996), Tomashow propose à l'homme une vie sociale, politique, économique et spirituelle en rapport avec la nature, tenant toujours compte de cette dernière dans toute prise de décision personnelle ou collective. Cette invite à intégrer l'identité dans l'écologie débouche sur l'écoféminisme et l'auteur voudrait que toutes ces idées soient mises en considération dans les programmes d'apprentissage.

Dans *Radical Ecology*, le sentiment exprimé par Caroline Merchant sur l'action de l'Homme sur la nature est que l'écologie y a apporté des améliorations. Selon elle, c'est le mérite de l'écologie sociale de créer des institutions qui régulent, à partir de décisions politiques, l'exploitation des ressources naturelles comme les sols, les arbres, les animaux, le vent, l'air, la mer. Dans le but de produire ce dont nous avons besoin dans les domaines industriel, agricole et technologique, on se rend compte de la nécessite de veiller à la qualité de la vie physique et mentale, ce qui n'est pas toujours en adéquation avec le traitement écologique. De là, une conjugaison des études, des efforts et des actions s'avère nécessaire afin d'éviter qu'une quelconque partie ne soit perdante. Malheureusement, le 6 janvier 2015, la Corée du Nord osa effectuer un nouvel essai nucléaire par la bombe à hydrogène et ce fut le tollé général dans le monde. Après l'indignation, les Nations Unies se réunirent au siège de l'ONU pour condamner cette action regrettable et provocatrice pour l'écosystème.

Le risque d'agression sur l'environnement est réel et par ricochet l'être humain en fait les frais, ne considérant que le frein économique que l'on rencontre à travers la faiblesse physique que produit le réchauffement de la terre, l'effet de serre par le dioxyde de carbone des industries. Les déchets nucléaires et les émissions de gaz, de la même façon que les guerres, provoquent notre destruction par nous-mêmes par la pollution de la terre, de l'air et de l'eau. L'accident de Tchernobyl en 1996 a laissé beaucoup de veuves, d'orphelins et de loques humaines. On n'est pas sûr des séquelles sur les populations actuelles et à cela s'ajoute la toxicité des industries chimiques qui ont suivi partout dans le monde. Merchant met en relation la production matérielle et la reproduction sociale qui sont toutes deux sujettes à la non-discrimination sociale, raciale et sexuelle que chaque État applique.

L'humanité tout entière, du fait des méfaits sur la nature, souffre d'inondation ou de sécheresse, d'air chaud et sec ou de vents violents, en quelque sorte de déséquilibres naturels handicapant la santé et l'économie. *Radical Ecology* prône un partenariat entre la nature humaine et tout ce qui est nature non humaine en vue de préserver le bien-être des deux côtés et ce, pour inciter les personnes à changer positivement la vie sociale. Si l'on se rend compte que ce qui est économiquement gagné dans l'abattage des arbres et des animaux par exemple fait perdre beaucoup plus dans les moyen et long termes, peut-être sauverons-nous la planète et son contenu.

Des espèces végétales et animales ont disparu, des terres sont maintenant devenues partie intégrante des océans, des maladies incurables apparaissent ou progressent, le tout résultant de la destruction de la couche d'ozone, des émissions de gaz toxiques. L'utilisation excessive du plastique, le déversement des cargaisons de pétrole dans la mer, les insecticides pour lesquels on n'a pas encore trouvé d'alternative dans l'agriculture augurent des lendemains sombres pouvant nous priver de plages, de races bovines, caprines et ovines utiles à la vie sur terre.

Il est réel et remarqué, sinon vécu, que le modernisme et ses technologies détruisent la nature et cela se répercute graduellement sur les êtres qui évoluent sur la planète terre. Le développement durable auquel tout le monde se réfère serait impossible sans action efficace de rattrapage sur ce qu'on a perdu à force d'exploiter la nature cupidement et aveuglément. La reproduction sociale englobe la longue marche de la société dans le cadre de la famille, du genre, de l'école, du travail, de la communauté et finalement de l'État et donc exige la pratique de ce qui est, selon une des approches, appelé « La bonne gouvernance ».

c- Recherche d'écosolution

Pour faire face à la dégradation de l'environnement en Afrique, au Sahara et au Sahel, un projet de l'Unité Africaine qui date de janvier 2014, l'Agence Panafricaine de la Grande Muraille Verte, est en cours d'exécution. Les objectifs sont la lutte contre la désertification, la pauvreté et l'insécurité alimentaire en agissant sur le reboisement, le renouvellement des ressources, la santé et l'éducation. L'accent est principalement mis sur l'eau, l'électricité et la biodiversité. Pour chaque pays, un plan d'action national est déroulé, et de manière palpable, des arbres sont plantés et des zones agricoles sont nouvellement créées et exploitées. La participation des communautés est effective, la production maraîchère est encouragée et des espèces qui freinent la désertification sont plantées telles que l'acacia.

La grande muraille verte s'impose le défi de joindre Dakar à Djibouti par la verdure sur 1700 km dans 11 pays africains, Burkina Faso, Sénégal, Niger, Nigeria, Tchad, Mali, Mauritanie, Soudan, Djibouti, Érythrée et Ethiopie. Les activités financées impliquent les femmes à la base parce qu'elles sont principalement engagées dans la culture de la terre.

Cependant, les femmes semblent presque absentes au sommet, là où les décisions se prennent et ne sont pas toujours encouragées. Force est de remarquer qu'en 2015, à l'occasion des Jeux Africains de Brazzaville, très peu de femmes ont fait partie des personnes décorées pour leur dévouement à la sauvegarde des arbres et de l'écosystème.

Au Cameroun, en 2014, le projet Resofemmes vise à encadrer les femmes qui représentent la frange la plus exposée aux aléas climatiques, sècheresses et inondations cumulées, à la crise économique, à l'habitat indécent et à leurs lots de malnutrition et de maladies. La menace d'insécurité alimentaire, qui est devenue réelle, doit être combattue mais surtout prévenue. Les femmes sont conscientisées et formées, en plus des possibilités de crédit qui leur sont offertes pour les aider à reussir.

Une autre bonne nouvelle a été que le chanteur américain d'origine sénégalaise, de son nom d'artiste Akon, a décidé d'investir dans le photovoltaïque en Afrique en 2015. Le cas du Mali représente une illustration, là où le célèbre musicien a créé l'Académie de Bamako, en rapport avec la société locale SOLECTRA, dans l'intention de former des ressources humaines en énergie solaire. Le projet est d'autant plus important qu'il paraît complètement viable en ce sens que l'Afrique déborde de soleil gratuit pour une grande partie de l'année. L'autre raison non moins importante est que pour de nombreux Africains, même dans des pays producteurs de pétrole, la majorité ne dispose pas d'électricité, 25% vivent d'affreux délestages. Inutile de préciser l'impact de ce handicap économique que représente le manque d'électricité, quand on sait que presque tout ce qui fait vivre se fait à la machine, ne serait-ce que l'envoi de l'argent.

CONCLUSION

Ce qui semble se dégager des analyses menées est que les loisirs de la femme seraient minimes sans une collaboration avec l'homme qui a besoin d'être tiré, attiré, pour ne pas dire averti et responsabilisé. On rencontre aussi des femmes qui se valorisent en acceptant de jouer sur leur féminité afin de parvenir aux hautes stations jusque-là occupées par des hommes comme par culture, tradition ou exigence mystique. Des dualités s'opèrent entre l'économie habituelle masculine et l'écologie très récente, révolutionnaire et féminine : des croyances et des choix s'opposent tout en essayant de s'entremêler et on peut en citer le capitalisme et le socialisme.

Les idées sont nombreuses et variées puisque le débat est vaste et non exhaustif. La femme est la première ressource de l'humanité et il est normal qu'elle soit objet de joie et de peine. La situation individuelle, pour ne pas dire personnelle, de cette dernière est en grande partie une condition existentielle pour l'enfant, l'homme et pour cela, ce dernier a tout intérêt à la valoriser au lieu de la laisser devenir homosexuelle.

L'une des violences faites aux femmes est l'homosexualité qui représente une réaction face à la société et à des règles, mais elle est en fait un comportement au détriment de la féminité. La femme, comme l'homme homosexuel, empêche l'épanouissement total de la femme qui a l'occasion de posséder et non pas de dominer l'homme et encore celle de porter un enfant, de le mettre au monde, de le chérir, de l'éduquer sur la base de valeurs productrices, positives et non égoïstes.

La féministe se bat pour l'écologie et la journée africaine de l'environnement est célébrée le 3 mars de chaque année, alors que la Chine et les États-Unis sont les plus grands pollueurs du monde, étant responsables de 45% des émissions de gaz à effet de serre. Leurs dirigeants respectifs avaient accepté de réduire la pollution progressivement jusqu'en 2030. La Chine, les Philippines, le Vietnam et le Sri Lanka mettent le plus de déchets plastiques dans l'océan, causant un grand tort au renouvellement des ressources halieutiques. Ce sont les pays nantis qui doivent payer pour la crise dans l'environnement naturel physique et ses conséquences néfastes sur les êtres, et ils ne sont pas près d'y renoncer, car c'est ce qui assure leurs richesses et leur supériorité géopolitique. La dette écologique est parallèle à la dette financière des pays pauvres envers leurs bailleurs, elle est globale et doit être réglée dans chaque pays par les compagnies industrielles qui détruisent l'environnement par la surexploitation des ressources naturelles et aussi la pollution de l'air, de la terre et de l'espace marin.

Même si les inquiétudes demeurent, on peut se rassurer de la prise de conscience de la gravité du phénomène par les principaux pollueurs et aussi décideurs, les hommes et les femmes. Ainsi, tout le genre humain est interpellé. Un grand espoir peut être porté sur la femme, elle qui gère les plantations familiales et procède à la transformation des produits récoltés et aussi de ce qui provient de la mer. En fait, ne pas rectifier le tir dans le cadre de l'exploitation et de l'utilisation des ressources naturelles à outrance équivaudrait à causer et à précipiter la disparition de ce qui nous permet de vivre sur les plans physiologique et économique. Le risque de ne plus disposer de forêt, de voir la mer avancer réduisant la surface de la terre de jour en jour et élimant lacs, mares, étangs, îlots et îles augmente et nous interroge.

La lutte pour la réhabilitation de l'environnement ne saurait se passer sans les femmes, mais pour que cela se réalise, elles-mêmes ont le devoir de reconsidérer leur rôle en tant que gent féminine au lieu de chercher à se transformer en hommes en vain. Leur valorisation est entre leurs mains, et il est temps qu'elles se ressaisissent. La vie des femmes demeure constituée d'ambivalences ; certaines sont cachées contre leur gré, oubliées, maltraitées, soumises et d'autres, en petit nombre, sont choyées, puissantes, toutes derrière des hommes qui font et défont l'histoire. Osons en déduire que les nœuds des problèmes se trouvent en elles puisque les actes que posent les partenaires ou conjoints dépendent directement ou indirectement de leur attitude à elles.

L'un des combats les plus significatifs doit être de sortir de l'exploitation physique, sentimentale et sociopolitique de certaines catégories de personnes et de contribuer à part entière à la géopolitique par la culture, la science, l'économie solidaire et surtout durable. Toutes les formes de civilisations gagneraient à instruire les femmes, à les éduquer dans le sens de leur procurer plus de force, de connaissances, de compétences et de place dans les lieux de décisions et d'exécution de ces décisions. On constate que malgré toutes les entraves, des femmes exercent des métiers de journalistes, de médecins en zone de conflits ou sont carrément combattantes dans des armées, sans considérer les risques encourus ; elles assument pleinement leurs responsabilités et assurent correctement leur rôle.

Il s'y ajoute que les Nations Unies agissent en faveur de la femme, de sa dignité et de son épanouissement ; selon cette organisation, un tiers des femmes dans le monde subit des violences de toutes sortes et seulement 40% ont le courage ou la possibilité de recourir aux autorités compétentes pour protester ou dénoncer sans même parler de déposer plainte. On sait que culturellement, dans bien des sociétés, le tabou est passé par là et les victimes de viol ou d'attaques physiques souffrent et gardent souvent des séquelles qui les traumatisent et les rendent malades. Ainsi, le 25 novembre a été décrété Journée internationale pour l'élimination des violences faites aux femmes et tous s'en réjouissent, hommes, femmes et enfants, du moins on le suppose.

Par ailleurs, nous vivons des changements rapides à travers le monde, pour ne pas dire des bouleversements qui ne laissent de choix à personne dans un cadre globalisé. Si nous consentons à cette universalité, forcément, nous ferons en sorte d'appliquer une certaine équité. L'interculturalité se dresse comme l'une des clés de ces idéaux qui peuvent se conceptualiser en termes de paix, de sécurité alimentaire, d'égalité des chances ou, en résumé, de développement durable. Malgré les avancées déjà obtenues, des résultats probants viendront des efforts conjugués de tout un chacun et dans le temps.

En revanche, même si l'on a obtenu un consensus universel sur les droits de l'Homme, la lutte contre la pauvreté, quelque chose comme la liberté de la presse ne signifie pas la liberté d'insulter, de dénigrer, de diffamer ou de menacer. Ce qu'on voit est un ensemble de dérives sociales en face desquelles on se sent souvent impuissant, parce que le droit ne nous permet pas de réagir et malheureusement, pour des raisons politiciennes ou dans le cadre de querelles crypto-personnelles, dans beaucoup de régions, les gens ne se retrouvent pas autour de l'essentiel. En un mot, on ne s'entend pas sur des modèles de sociétés adaptés aux appartenances des uns et des autres. On rencontre des obstacles créés par l'influence de pays plus forts, agissant négativement sous forme d'ingérence dans les affaires intérieures des autres pays. Cette forme d'usurpation se reflète chez les peuples ou groupes affaiblis sur la prise de conscience positive ou négative de leurs valeurs matérielles et morales. Il faut décider de mieux vivre avec tous et d'y parvenir.

BIBLIOGRAPHIE

BARDACH, Ann Louise, *Cuba Confidential : Love and Vengeance in Miami and Havana*. New York Vintage Books. 2003.

BESSIERE, Jean, Karaton, André. *Déracinement et Littérature*. Lille. Presses Universitaires Septentrion. 1981.

BILLON, Bernard. *Viol et Violeurs*. Paris. CNRS, Editions Alpha. 1984.

BLANC, Olivier. « Cercles politiques et salons du début de la révolution ». Annales historiques de la révolution française. 2006.

BUCHANAN, Ian, *Socialist Feminism*, a Dictionary of Critical Theory. Oxford University Press. Oxford. 2007.

BUTLER, Judith, Donna Haraway. *A Cyborg Manifesto: Science, Technology and Socialist Feminism in the Late Twentieth Century*. Paris. 2007.

CHAUMEL Marianne et BRANCHE Stéphane. « Inégalités écologiques : vers quelle définition ?» Paris. 2008.

CATTON, W.R. *Environmental sociology: a new paradigm, the American*

Sociologist. Dunlap R.E. 1978.

COLAS, Dominique, *Le Glaive et le fléau: Généalogie de la société civile et du fanatisme*. Edition Grasse. Paris. 1992.

COOL, Steve. *The Bin Ladens : An Arabian Family in the American Century*. New York. Penguin. 2006.

DOBSOU, A. *Justice and the environment conceptions of environmental sustainability and dimensions of social justice.* Oxford University, Oxford. 1998.

DORLIN, Elsa, *Anthologie du Féminisme africain-américain*. Paris. L'Harmattan.2008.

DUCRET, Diane. *Femmes de dictateurs*. Tome 1. Paris. Perrin. 2011.

DUCRET, Diane. *Femmes de dictateurs*. Tome 2. Paris. Perrin. 2014.

FLIPO Fabrice. *L'espace écologique ; Fondements d'une théorie politique de la dimension culturelle de la liberté. Fondation nationale des sciences politiques*. Université Paris 7 Diderot. 2012.

HALL, Evelyn Beatrice, *The Women of the Salons and other French Portraits*. Freeport. Books for Libraries Press. 1966.

HARAWAY, Donna, *The promises of Monsters*. London. Cultural Studies. 1992.

JOUVENEL, De Bertrand, « La terre est petite », Essais sur le mieux-vivre. Futuribles 9. Paris. 1968.

LANGLOIS, Claude. *Le Catholicisme au féminin. Les congrégations françaises à l'expérience générale du XIXème Siècle*. Paris. Cerf. 1984.

LARRERE Catherine. « La Justice Environnementale ». Multitudes numéro 36. 2009.

MANOU-MANI, Alain. *Le Mariage de l'économie et de l'écologie*. Paris. Payot.1992.

MANOU-MANI, Alain. *La vie en vert.* Paris. Payot.1992.

MARIE, Patricia, Hommes et femmes dans l'apprentissage et la transmission de l'art culinaire. Paris. L'Harmattan. 2014.

MIES Maria et SHIVA Vandana, *l'Eco féminisme*. 1983. traduit en français, édition l'Harmattan. Paris. 1992.

MERCHANT Carolyn. *Radical Ecology*. New York. Psychology Press. 1992.

SCUDERY, Madeleine de. *Ibrahim ou l'Illustre Bassa.* 1641.

SANSON, Jean. *Najwa Ben Laden, Omar Ben Laden, Growing up Ben Laden: Osama's Wife and Son Take Us inside Their Secret World*. New York. St. Martin's Press. 2009.

SINGER, Peter, *Une Gauche Darwinienne.* Paris. Cassini. 2002.

THOMASHOW, Mitchell, *Ecological Identity Becoming a Reflective Environmentalist*. The Mit Press. 1996.

VITKINE, Antoine, *Mein Kampf, histoire d'un livre*. Paris. Flammarion. 2013.

Webographie

LEDUC, Claudine et Agnès Fine. « Histoire, Femme et Sociétés ». http// clio, revues.org/485. 23 novembre 2014.

LE Point.fr, 08 mars 2015.

MONTESQUIEU, *Lettres Persanes*. 1721. https://fr.wikisource.org/lettres_persanes[archive].

INDEX

T

TABLE DES MATIÈRES

L'HARMATTAN ITALIA
Via Degli Artisti 15; 10124 Torino
harmattan.italia@gmail.com

L'HARMATTAN HONGRIE
Könyvesbolt ; Kossuth L. u. 14-16
1053 Budapest

L'HARMATTAN KINSHASA
185, avenue Nyangwe
Commune de Lingwala
Kinshasa, R.D. Congo
(00243) 998697603 ou (00243) 999229662

L'HARMATTAN CONGO
67, av. E. P. Lumumba
Bât. – Congo Pharmacie (Bib. Nat.)
BP2874 Brazzaville
harmattan.congo@yahoo.fr

L'HARMATTAN GUINÉE
Almamya Rue KA 028, en face
du restaurant Le Cèdre
OKB agency BP 3470 Conakry
(00224) 657 20 85 08 / 664 28 91 96
harmattanguinee@yahoo.fr

L'HARMATTAN MALI
Rue 73, Porte 536, Niamakoro,
Cité Unicef, Bamako
Tél. 00 (223) 20205724 / +(223) 76378082
poudiougopaul@yahoo.fr
pp.harmattan@gmail.com

L'HARMATTAN CAMEROUN
BP 11486
Face à la SNI, immeuble Don Bosco
Yaoundé
(00237) 99 76 61 66
harmattancam@yahoo.fr

L'HARMATTAN CÔTE D'IVOIRE
Résidence Karl / cité des arts
Abidjan-Cocody 03 BP 1588 Abidjan 03
(00225) 05 77 87 31
etien_nda@yahoo.fr

L'HARMATTAN BURKINA
Penou Achille Some
Ouagadougou
(+226) 70 26 88 27

L'HARMATTAN SÉNÉGAL
10 VDN en face Mermoz, après le pont de Fann
BP 45034 Dakar Fann
33 825 98 58 / 33 860 9858
senharmattan@gmail.com / senlibraire@gmail.com
www.harmattansenegal.com

L'HARMATTAN BÉNIN
ISOR-BENIN
01 BP 359 COTONOU-RP
Quartier Gbèdjromèdé,
Rue Agbélenco, Lot 1247 I
Tél : 00 229 21 32 53 79
christian_dablaka123@yahoo.fr

Achevé d'imprimer par Corlet Numérique - 14110 Condé-sur-Noireau
N° d'Imprimeur : 131973 - Dépôt légal : septembre 2016 - *Imprimé en France*

www.ingramcontent.com/pod-product-compliance
Lightning Source LLC
LaVergne TN
LVHW021216061026
849535LV00008B/2764
* 9 7 8 2 3 4 3 1 0 2 3 5 1 *